新疆大学马克思主义理论学科建设与理论研究系列丛书

传统文化与高校思政融合发展研究

卜令全 / 著

社会科学文献出版社
SOCIAL SCIENCES ACADEMIC PRESS (CHINA)

"新疆大学马克思主义理论学科建设
与理论研究系列丛书"
序言

  建设一流学科需要高水平的人才队伍，也需要高水平的科研成果加以支撑。正如习近平总书记在新疆大学考察调研时强调："要突出优势特色，打造高水平师资队伍，提升科研创新能力，推动新疆大学'双一流'建设不断迈上新台阶。"

  新疆大学马克思主义理论学科自进入一流学科建设行列以来，坚持以习近平新时代中国特色社会主义思想为指导，以国家重大需求为导向，坚持立德树人根本目标，对标一流学科建设要求，以铸牢中华民族共同体意识为核心，坚持"本色+特色"的原则，形成了鲜明的学科特色。新疆大学马克思主义理论学科瞄准党和国家重大战略需求，贯彻落实新时代党的治疆方略，在科学研究、人才培养、社会服务等方面取得了一系列标志性成果，学科建设有了显著成效和长足进步。但是，要实现习近平总书记的殷切希望和要求，真正建成高水平的一流学科，还需要做更大的努力和长期的奋斗。

  为进一步落实习近平总书记重要指示精神，推动马克思主义理论学科高质量发展，促进马克思主义学院整体实力不断提升，使"双一流"建设不断迈上新台阶，新疆大学将在社会科学文献出版社出版展示新疆大学马克思主义理论学科建设成效和马克思主义理论研究成果的系列丛书。

  "新疆大学马克思主义理论学科建设与理论研究系列丛书"的陆续出版，不仅会在宣介、推广近年来学科建设成果方面产生积极作用，而且必将在不断凝练学科方向，加强基础理论研究，力争将新疆大学马克思主义学院建设成为中国一流、有一定国际知名度的马克思主义学院方面发挥极大的促进作用。

（中国人民大学马克思主义学院教授，博士生导师，新疆大学特聘教授）

前　言

　　国家的发展离不开文化和历史的传承。中国作为一个绵延 5000 余载的大国，具有非常丰富的文化内涵和文化载体，中华优秀传统文化中蕴含的理念和智慧是不可替代的，在中华优秀传统文化不断弘扬和发展的进程中，中华民族对于文化的认知必然会更加全面，而这也将成为文化自信和精神自豪的主要源泉。党的十八大以来，有关部门发布《完善中华优秀传统文化教育指导纲要》《关于实施中华优秀传统文化传承发展工程的意见》等文件，由此可见，国家和政府对于优秀传统文化的传承颇为关注，对于优秀传统文化与思想政治教育之间的关联性和必要性也颇为认可，文化的发展和传承需要结合国家的实际情况，这一点是毋庸置疑的，中华传统文化的发展具有重大而深远的历史意义，明确要求要围绕立德树人的根本任务。

　　高校思想政治教育是文化传承的主要途径。现如今，经济全球化已然成为大势所趋，大学生作为未来发展的栋梁之材，应该得到更加全面正确的引导。在习近平新时代中国特色社会主义思想的指引下推进中国式现代化发展，实现第二个百年奋斗目标及中华民族伟大复兴，大学生责无旁贷，需要全面加强爱国主义教育，坚定社会主义理想信念，树立远大目标。目前，社会主义事业已经发展到关键时期，改革开放也到了新阶段，国际环境愈加复杂多变，科技进步也到了爬坡阶段，相应的高校思想政治教育工作面临前所未有的新情况。

　　所以，本书从这个角度出发，立足实际情况，深度探索中华传统文化与高校思想政治教育之间的关联性，明确二者的共性特征，从传统文化中获取有价值的内容，并将其转化为思想政治教育的理论体系和教学内容。同时，这种教育的融合，还能够使中华优秀传统文化得到继承和发展，使中华优秀传统文化的理论不断创新；采用这种融合的方式，能让更多大学生主动了解中华传统文化中的精髓，将其作为自身精神信念的重要组成部分，提升责任意识，促进大学生和青年的健康成长与蓬勃发展；使其能够成为更加符合时代需求的高素质人才，这样的方式有利于精神血脉的传承，也有利于文化的弘扬和发展。始终以坚定的态度对待中华传统文化中有价值的部分，是新时代中国特色社会主义接班人的基本素养。

本书结合思想政治教育与中华优秀传统文化的核心内涵进行深入分析，探讨中华优秀传统文化在思想政治领域的实际作用。本书共六章：第一章对高校思想政治教育相关理论进行论述，如高校思想政治教育的内涵和特征、过程和规律、理念和价值等；第二章对中华优秀传统文化的内涵和特征进行分析，明确中华优秀传统文化传承的基本特征；第三章探索了中华优秀传统文化与高校思想政治教育融合的具体方向和具体途径；第四章明确高校思想政治教育的发展理念和发展节奏；第五章从多个角度出发，探索中华优秀传统文化与高校思想政治教育之间融合的原则和路径；第六章列举了高校思想政治教育与中华优秀传统文化融合发展的案例，以供读者参考。

在创作的过程中，笔者参考了大量资料，在此，笔者对此前取得显著研究成果的学者以及作者致谢；受到时间、精力以及个人水平的影响，书中可能存在一些不足，希望读者专家能够给予建设性意见。

目 录
CONTENTS

第一章　高校思想政治教育概述

第一节　高校思想政治教育的内涵和特征

一　高校思想政治教育的内涵

在《现代汉语词典（第7版）》中，对内涵进行了明确阐述，内涵就是一个概念所反映的事物的本质属性的总和。简而言之，从实践的角度来看，高校思想政治教育指的是与高校教育相关的，所有与思想政治存在内在联系的内容，具体包括政治观点、道德规范等，对于大学生而言，这些内容是极为关键的，特别是在大学生成长和发展的进程中，以这些内容为核心开展的有目的的教育，能够显著提升教育质量和教育效果，让学生能够了解思想政治教育的重要意义，提升自我要求和自我标准。

从哲学的角度来看，事物的本质是不可更改的基础属性，能够体现事物的核心内涵。而思想政治教育的本质属性同样也是极为固定的。具体包括以下两个方面。第一，从本质的角度来看，高校教育活动是传承政治思想和道德理念的主要途径，在高校思想政治教育发展的进程中，需要始终围绕本质属性来进行。简而言之，笔者认为，科学性和政治性都是思想政治教育的本质属性和基础内涵。如果缺乏政治性特征，那么开展教育的实际效果就会大打折扣。第二，从思想的角度来看，受教育者的思想理念如果没有融入政治因素，思想政治教育也就不复存在了，所以，政治性对于思想政治教育而言有着极为关键的作用。如果教育内容不能客观反映现实，或者缺乏应有的科学性，就会导致教学内容与实际情况不符合，高校思想政治教育也无法取得显著进步与突破，归根结底，无论是政治性还是科学性，都是高校思想政治教育不可或缺的重要属性。

总而言之，在对大学生进行积极引导的过程中，需要注重思想政治教育的关键性作用，从政治性和科学性两个角度出发，保证相关内容对大学生群体发挥积极影响。

二　高校思想政治教育的特征

（一）高校思想政治教育的环境特征

在通常情况下，大学生的思想政治教育工作可能会受到外部环境——主体和客体的多方面影响。各方主体的互相联动和互相影响，是一个长期存在的过程。如果政治教育环境、接受客体以及实施主体三个要素之间互相协作，就有利于开展思想政治教育；反之，则会降低政治教育的效果。

1. 思想政治教育环境的多元化特征

传统文化和思想政治教育的结合，需要根据具体的环境来进行，以此保证呈现形式的多样化。随着对外开放程度的不断加深，我国政治、经济、文化三方面的相关体制改革不断推进，逐步形成了思想文化多样、阶层利益多元、文化环境复杂的局面。在该局面的影响下，学生的思想也日益复杂。

2. 思想政治教育环境的国际化特征

现如今，世界各国的教育合作趋势已经形成，合作范围也颇为广泛。在国际化的教育大环境下，虽然各国的思想教育内容各不相同，但是其中心都着眼于对本国文化精神方面的认同，以及个人对家庭、社会的责任，让人们以更高的道德标准进行自我要求，实现从"自然人"到"社会人"的关键转变。西方国家对于实践教育的关注度相对较高，主要的教学环境是学校教育，除此之外，还有社会教育、企业教育和家庭教育；而东方社会主要强调内在的修养，同时倡导政府主导的道德教育，对人们的思想教育是隐性和显性并存的，通过兼收并蓄，吸纳优秀文化，从而加强青年学生的思想政治教育，由此便形成了独一无二的东方文化传统和精神品质。

（二）高校思想政治教育的对象特征

现如今，社会环境正处于转型升级的关键阶段，由于经济、政治、文化环境等因素都在不断变化，大学生作为未来发展的主力军，在思想上应该更加活跃，不断接受新鲜事物，从中提取出有价值的内容和精髓。

1. 人格的独立性

从哲学的角度来看，人格的独立性是物质和精神的深度统一，在人们的日常生活中，无论是客观存在还是主观认知，都是不可能独立发展的。当社会主义市场经济成为主流时，企业和个人不再是以往的人身依附关系，二者互相独立，由此个体的平等意识得到发展，经济发展中的主体特性日渐突出，而大学生的思想势必会受到这种发展变化的影响。现如今，大学生群体的自主意识显著提升，独立需求越来越强，他们对于外部事物的认知越来越广泛，法律意识也越来越强烈，很多大学生有突破自我认知局限的需求，他们追求更加前卫的事物，希望能够张扬自己的个性。

在特定的经济环境之下，通过竞争机制能够充分调动人的主观能动性和竞争积极性，提高生产效率，促进生产力的蓬勃发展，进而带动政治、经济、文化的全面发展。同时，人们的谋生方式也因为就业机制的改变而选择多样化，这在一定程度上改变了人们与社会和国家的依附关系，增强了民众的自信和自由度，也从根本上改变了人们的思维方式。

2. 需求的层次性

需求是人内心想法的外放，在特定的社会环境之下，人生存的本质需求和具体的需求层次也会呈现一定的差异。理想是人在需求的基础上想要追求更高一级的目标，一定程度上被认为是对现有需求的超越，也可以被认为是更高级的需求。根据需求的分层来看，理想属于自我实现的层次，在一定程度上，人的需求决定着理想的高度。大学生在进步和发展的进程中，需要吸收社会环境中的积极要素，而思想政治教育就是促进学生全面发展的主要因素，通过这种方式，可以提升学生的思想境界和道德水平，为学生的全面发展奠定基础。

当代大学生的身上，寄托着家庭、学校以及社会的期望。学校阶段不仅是学生生理发展的阶段，还是"三观"形成的重要时期。由于大学生受到家庭背景、学习经历、志向兴趣、人际关系以及生活境遇的影响，他们对国家、社会、学校的感情也会存在差异。也正是因为对自身定位的差异，学生们会选择不同的方式让自己的需求得到满足，由此便衍生出不同的思想政治教育成果。高校思想政治教育工作者应该根据大学生的实际情况精准地开展思想政治教育：一方面，允许差异的存在，承认差异存在的客观合理性；另一方面，因材施教，有针对性地开展教育。

（三）高校思想政治教育的创新特征

思想政治教育的根本需要来自学校、国家和社会，在教育的过程中，需要通过不断的创新来保证教学内容与社会之间的适应性。其中，国家和民族需要发挥的作用极为关键。这些方面存在一致的部分，也存在不一致的部分，于是便引发了一系列的问题。只有从这些角度切入，才能彻底解决我国思想政治教育领域存在的弊端和问题。

为了解决思想政治教育无法满足学生需要的问题，我国倡导"以学生为本"的教育创新。创新是促进事物产生质变的主要动力，而这种因时而生的应急性的创新，以思想政治理论课的建设、有效教育途径的拓展以及党团组织的重要作用的发挥为主，提升思想政治教育在高校内部的实际力度、扩大其覆盖范围，对相关工作队伍进行诊断，取得更加可观的成效。

1. 高校思想政治教育创新的周期性

创新是能量积蓄到一定程度继而爆发的表现，在这个过程中，能量的积蓄需要一定的条件。同时，个体创造力衰竭的问题也没有得到充分解决。虽然无法将群体创新与个体创新相类比，但是创新的周期性问题不可忽略。从创新的角度来审视改革开放以来我国思想政治教育的发展历程，可以将其分成以下四个阶段。

第一阶段：20世纪70年代末到20世纪80年代末。这一阶段大概又可分成两个阶段：一是20世纪70年代末到20世纪80年代初，这是一个侧重建立新的思想理论基础和活动秩序的阶段；二是20世纪80年代初到20世纪80年代末，这是一个富有激情和理论想象力的阶段，在这个阶段，社会在发展方面的指导思想日趋明确，因此产生了一系列重大的改革决定。想要保证高校思想政治教育的有效性，就需要从理论的角度出发，构建更加完善的理论架构，从传播方式和应用结构的角度出发，提升相关从业者的创新能力，具体包括：开设专门的思想品德课程，结合具体的政策形式进行教育，组织更加灵活的实践活动，让更多的学生能够通过实践来进行自我感悟，与此同时，还需要从思想政治教育团队建设的角度出发，提升团队的教学质量和基本素养。

第二阶段：20 世纪 80 年代末到 20 世纪 90 年代初。这一阶段的创新，大多应用于体系领域，在对中华优秀传统文化价值进行分析的过程中，大量学者做出了较为突出的贡献。

第三阶段：20 世纪 90 年代初到 21 世纪初。这是一个蕴含大量发展机会的新阶段，其中也夹杂着发展不平衡的问题。就目前的情况来看，高校发展需要思想政治教育提供理论支持，在开展思想教育工作的过程中必须要深入贯彻国家政策和指导方针，从教育路径的角度进行创新，充分利用网络环境，形成健康良性的校园文化。与此同时，在创新的过程中，需要不断吸收外部要素，将其转化为促进社会实践的积极动力，提升理论的适用性和科学性，保证理论与实践的充分结合；同时，注重借鉴其他学科中的相关理论来分析与解决学生思想政治教育中所面临的问题。例如，结合美学和传播学的相关理论进行分析和探索，从心理学的角度切入，构建更加完善的理论体系。随着我国学者的加入，越来越多的优秀理论和观点开始涌现，高校思想政治相关的理论体系越来越完善，还有很多学者结合文化精神和思想内涵进行分析。在这个阶段，高校思想政治教育的相关理论受到了更多学者的广泛关注。可以肯定的是，在这个阶段，学术界对于相关问题的研究呈现出百花齐放的态势，也让我国思想政治教育理论的发展迎来了关键转折点。

第四阶段：21 世纪初至今。在这个时代背景下，思想政治获得了新的发展空间，也获得了新的任务。经济日新月异，社会环境不断变动，思想政治教育需要与社会实践充分结合，不能简单地注重理论。

2. 高校思想政治教育创新的延展性

延展性创新是促进事物发展的主要动能，通过这种方式，可以引发一些创新活动。理论创新和实践创新的充分结合，是保证教育内涵科学性和延展性的关键环节。

需要注意的一点在于，我国高校思想政治教育的发展离不开创新环节的延展性，创新的延展性往往能够以更加直接的方式体现。在过去的几十年时间里，利用创新的延展性调动大学生的主观能动性和主动学习意愿的要求，在实践领域取得了非常可观的成果。可以肯定的是，让理论和实践充分结合，二者之间互相作用成为创新的主要动能。从工作理念的角度来看，高校的思想政治教育工作需要以"三贴近"（贴近实际、贴近生活、贴近群众）① 为核心，创造出更加符合当下时代需求的模式，例如德育论、网络思想政治教育学等。

第二节　高校思想政治教育的过程和规律

一　高校思想政治教育的过程

（一）高校思想政治教育过程的内涵阐释

从本质的角度来看，高校思想政治教育是信息的传递过程，也是思想的传承过程，在中国特色社会主义理论体系高速发展的进程中，大学生需要具备更强的思想政治素养，主动抵御外来文化的侵蚀。相关工作者则需要结合当下的时代需求，有计划、有目的地开展教育工作，给大学生提供正确的引导，帮助大学生形成更加正确的观念和认知。目前，学者们所秉持的观点主要包括以下几个角度。

思想政治教育会受到外部环境的影响，教育的本质目的除了带有一定的思想性以外，还带有一定的政治性特征。在教育过程中，需要对受教育者给予正确引导，这个引导过程本质上是有目的的，对于受教育者而言往往能够形成更加积极正确的思想理念。

受教育者需要以更加积极的态度了解相关信息，形成更加正确的认知体系，形成更加符合时代需求的思想品德和政治观念，从这一点来看，也可以说明思想政治教育本身具有一定的双向性特征。

思想政治教育需要从内容的角度出发，在教育者和受教育者之间建立更加密切的桥梁，受教育者的教育过程往往是有计划的。所以，思想政治教育想要落到实处，就必须制订明确的计划和机制，确保教育对象自我道德意识觉醒并持续完善增强，最终符合社会与人协调发展的内在要求，成为社会进步的重要推动力量。

从上述论述可知，高校思想政治教育的过程主要包含以下四个方面：一是高校思想政治教育是思想政治教育者与思想政治教育主体之间交流互

---

① 任仲平：《论"三贴近"——贴近实际、贴近生活、贴近群众》，人民日报出版社，2004年12月。

动的过程；二是思想政治教育的过程需要制定明确的目标，要求将目标体现在教育活动的各个方面，进而对教育对象进行积极引导培养；三是高校思想政治教育需要各方主体共同参与，教育过程具有多元化的特征；四是高校思想政治教育能够将个体与社会充分衔接，让个体能更好地参与社会生活，满足社会生活的实际需求，具备更高的思想政治水平。

（二）高校思想政治教育过程的特点

1. 连续性与间断性统一的特点

思想政治教育过程中的连续性与间断性统一的特点与唯物辩证法具有许多相似之处。唯物辩证法明确提出，量变始终是任何事物发生变化的开端，随着量变的不断积累，事物最后就会出现质的飞跃。量变与质变是相对连续的过程，质变之后又会相应地产生新一轮量变。这一过程与个体的思想政治教育形成过程十分相似，可将个体视为发生量变的主体，将个体思想政治教育的形成过程视为由量变到质变，再在新质变基础上开始新的量变的循环过程。从这个角度也可以看出，思想政治教育是一个相对长期的过程，需要不断地积累和发展。

连续性是指思想教育过程必须要形成一个连续的体系。想要从根源上改变思想，就需要通过不断的累积来达成目标。思想政治教育工作一定要分步走，分阶段引导人的思想政治品德，这在一定程度上又体现出间断性的特点。

首先，思想政治教育工作大致可分为教育准备、沟通交流、理论讲授、实际应用、评价反思五个阶段。各阶段之间相互作用、相辅相成。只有将思想政治教育过程划分为多个阶段，才能体现出思想政治教育过程既是连续的，又是分阶段、间断性的，也从侧面表现出阶段性是间断性的重要体现。

其次，思想政治教育过程的间断性也表现为反复性。个体在思想品德形成过程中很容易受到外界因素的影响，会出现思想后退的现象，为了解决这一问题，此时就需要进行反复教育。任何教育都不能保证一次成功，大多数时候都需要不断重复，每当遇到不同的问题时，就需要有针对性地开展教育工作，这就是间断性的重要体现。

在思想政治教育过程中，个体的行为与思想总是向好的方向发展并且呈上升趋势，只有不断开展教育活动才能够达到预期的效果。政治教育绝不是一蹴而就的，开展思想政治教育需要连续持久并制定阶段性的教育目标，这样才能进一步提升个体的思想品德。

2. 贯通性与反馈性交织的特点

社会环境以及其他外界因素都会对思想政治教育产生一定程度的影响，可能会起到促进作用，也可能会产生一定的抑制作用，这就要求教育者在反馈调节阶段做好信息的整合与调整。反馈调节机制是教育目标实现的强有力的保证，可以对外界环境加以干预。干预指的是通过积极因素的直接影响，对消极因素进行过滤，提升思想政治素养，营造更加完善的思想政治环境。这也体现出思想政治教育具有一定的反馈性以及贯通性，二者相互交织、相互作用。思想政治教育最为基本的要求就是要有明确、正确的教育方向，而反馈调节机制则可保证教学方向的正确性。与此同时，在开展思想政治教育的过程中，需要以连续性为核心，开展连贯的教育体系，保证思想的平稳发展和形成。

3. 针对性与有效性相通的特点

随着时代的变迁，社会对于人们思想品德的要求并不是一成不变的，而是不断变化发展的，具有很强的不确定性。思想政治教育除了具有不确定性，还具有一定的针对性，主要体现在为满足社会需求而开展一系列目的性很强的教育活动。教育者需要按照社会的需求来制定相应的教学内容，进而全面提升受教育者的思想品德，这体现出思想政治教育的针对性以及有效性，并且二者相互联系、相互贯通。因此，为了有效提升受教育者的思想素质，教育者应当有针对性地制定教学目标，并采取恰当的教学方式。

受教育者需要以更加主动的态度参与进来，要让受教育者从被动接受知识变为主动探索学习，从而培养他们的自主学习能力以及思想品德自我构建能力，让受教育者既能真正意识到思想观念的重要性，又能够树立积极、正确的政治观念。教育者应当采取一定的方式，充分调动受教育者学习的积极性与自主性，并且有针对性地开展教育活动，引导受教育者积极参与到思想政治教育实践活动中去。同时，由于受教育者之间会存在一定的差异，教育者应当清楚地了解他们的兴趣爱好、学习能力、政治思想、文化程度等，根据实际情况采取不同的教育方式，使受教育者更容易接受教育者所传授的思想道德知识。当然，教育者与受教育者还需要进行沟通与交流，只有通过沟通与交流，才能使受教育者更好地接受并吸收更多的思想道德知识。

（三）高校思想政治教育过程的四个阶段

在教育过程中，高校思想政治教育通常涉及四个阶段。

1. 准备阶段

在日常生活中，思想观念会不可避免地发生转变与革新，相应的，思想政治教育活动也会发生一些变化。思想政治教育想要取得一定的成果，需要长期的沉淀和发展，主要包括以下两个部分。

首先，教育过程中的决策与方法至关重要。只有正确的思想政治教育方式才有可能达到相关教育监管部门的要求，因此要制定相对完整的思想政治教育培养方案并结合受教育者的具体思想观念，有针对性地制订思想观念教育计划。只有在思想教育的起步阶段做好相关的计划和决策，思想教育活动才能顺利地开展下去。教育过程中还需重点注意以下三个方面。

第一，从具体问题的角度切入，明确导致问题的核心要素。不同的教育监管部门制定了不同的思想政治教育要求，不同地区的思想政治教育方式也存在明显差异，总的来说，都是为了解决教育过程中遇到的各类问题。在整个教学计划中，一旦发现或遇到相应的教学问题，就要及时向相关部门或人员反映，争取第一时间解决问题。相关工作者要不断在发现问题与解决问题的过程中完善思想政治教育计划，针对不同受教育者的思想观念和思维方式确定相对适宜的教育计划和教学方式。

第二，在教学过程中一定要明确相应的教学目标。思想政治教育是一个复杂且漫长的过程，在这一过程中必然会出现各种各样的问题。教育者要记录和整理遇见的各种问题，并对其进行系统的分析与反思，从而不断改善教学方式和教育目标。在整个思想政治教育过程中，正确的思想观念与国家的改革目标、社会的发展需求分不开。教育者需要深度关注受教育者的思想变化以及思想倾向，在教学过程中逐步渗透社会以及国家发展方向和奋斗目标等相关内容，并将这些内容与受教者紧密地联系在一起，从而制定出内容完善、目标明确、实施性强的教育计划和教学目标。

第三，制定更加具体明确的培训方案和教育体系。在开展相关教学的过程中，通常会出现多种意想不到的情况，而使原本的教学计划和教学方案无法顺利地实施下去，此时教育者们需要在设计的备选方案中重新筛选出能够解决问题的教学方案。因此，在制定教学方案时，需要全方位、多角度地考虑：教育者是否能够独自完成教学计划，受教育者能否积极配合教育者完成计划，教学计划的时间规划是否合理、内容是否新颖。在所有人集思广益制定出多个教学方案后，应由相应的管理者比较与研究各个方案，最终推选出合适的教育方案。

其次，教育环境需要更加和谐融洽。无论在什么情况下，只要涉及传授和教学，就一定会存在相应的师生关系，古往今来的诸多案例都证明，良好的师生关系是教育工作顺利开展的必备条件之一。当教育者和受教育者之间的关系和谐、融洽时，教育者能够愉悦地传道授业，也必将会在教育过程中倾囊相授；受教者也会在学习过程中保持积极乐观的心态，勤于发问、善于思考。当二者都能够在教育过程中端正态度、尽心尽力时，教育和学习的效率就会大幅提升，从而达到事半功倍的效果。虽然教育必须由传授者和学习者共同协作、相互配合才能顺利完成，但不可否认，在教育过程中，教育者往往占据主导地位。当教育者自身拥有强烈的责任感和丰富的经验与能力时，教育计划会更有成效。

2. 信息交流阶段

当教育方案与教学计划确立后，教育者以及受教育者都应当积极配合，在思想上高度重视，以最好的状态步入教育实施阶段。不管制定怎样的教学计划，都需要关注受教育者的直接感受，通过交流和探讨的方式，找到最科学的道路。只有二者建立和谐、融洽的教学关系，才能够长时间保持二者之间的信息交流，才能在信息流通的过程中实现相互间的无碍交流。在教育过程中，信息的传递和流通必然会伴随着各类无用信息的混入和掺杂，受教者应当拥有一定的辨别能力，过滤掉授课过程中涉及的不利信息和内容，有目的、有选择地学习。

与传统的理论课程不太相同，思想政治教育课程对受教育者来说相对较为容易。在思想政治教育的学习过程中，虽然没有思维的转化和跨越，但也绝不是简单地记录和背诵，受教育者需要将课堂上学到的知识通过加工，并结合自身的认知，将其转化成自己的思想政治观念。在教育过程中，教育者的传授活动以及相关的教育技巧和教学经验，都会对受教育者的信息接收情况产生直接影响。因此，教育者应当及时和受教育者沟通交流，了解其学习情况。

3. 理论内化阶段

在个体思想品德形成过程中，有四种基本的心理支撑要素，即情、意、信、知，这四种心理要素实际上构成了相对完善的系统。该系统主要通过受教育者在教育者的引导下开展自主学习而构建，其实质上就是理论内化的过程。理论内化是思想品德、意识境界的全面升华，必然会使心理因素之间产生一定的矛盾活动。在思想政治教育过程的理论内化阶段，受教育者应当具备端正的态度、乐观的心态；教育者应当有针对性地传授理论知识，规范受教育者的行为，引导受教育者完成自主学习以及知识内化。

个体思想品德的形成对教育者以及受教育者分别提出了一定要求。对于教育者而言，他们需要有针对性地传授知识，通过一定的方式推动受教育者心理因素之间的矛盾运动，不断培养受教育者的思想道德品质以及自主学习的能力；对于受教育者而言，他们应在一种主动的状态中实现从不知到知、从知到信的转变，进而全面提升自己的思想政治素养。

4. 外化应用阶段

思想政治教育过程中只存在理论内化是远远不够的，还需要受教育者将所学内容运用到日常生活中，实现外化应用。

在思想政治教育过程中，最复杂并且最难实现的就是外化应用，因为这一阶段要实现由知、信到行的转换，恰是此种转换在实际操作中很难实现。其中动机是行为发生的最主要原因，任何行为的发生都需要一定的动机，但二者并不是一一对应的关系。类比到思想政治教育中也一样，思想政治教育外化应用的过程也离不开内在动机，只有存在内在动机，才能使受教育者做出相应的行为。

在外化应用阶段，教育者需要特别注意受教育者的思想状况，激发其内在动力，进而引导受教育者作出相应的选择。动机与行为之间存在众多制约因素，将内在动机转化为特定行为并不是一件容易的事，只有坚定意志冲破心中的束缚，才能够实现思想政治教育的外化应用。因此，意志对于受教育者的行动而言至关重要，受教育者只有具备坚强的意志，才能够冲破重重束缚行动起来。

二 高校思想政治教育的规律

（一）高校思想政治教育规律的内涵阐释

规律是事物本身所具有的一种特征，规律具有一定的必然性，规律能够在一定程度上决定事情发展的方向。规律是客观存在的，不会因为人们的主观意愿而发生变动和转移，因此，从主观的角度来看，人们只能充分把握和利用规律。在开展高校思想政治教育的过程中，也需要注重教育本身所具有的规律，掌握本质问题，保证教育过程的稳定性，找到其中的必然联系。同样，高校思想政治教育过程中产生的规律也是不能通过主观意愿来改变的，无论人们是否能够意识到它的存在，它都是客观存在的，并且会在教育过程中发挥固定的作用。

高校思想政治教育规律具体包括以下两个角度：第一，在开展教学的过程中，必须要保证主体与客体之间的一致性，同时，在开展教育的过程中需要采用更加"因人而异"的方式来进行；第二，受教育者的政治观念也应该得到更加正确的引导。具体内容包括以下几个方面。

第一，将教育主体、客体、环境、介质充分联系起来。首先，发挥各要素之间的内在联动关系。对于受教育者而言，通过学习和提升的方式，可以形成更加具有内在价值的思想内涵和思想观念，而这些因素则会在一定程度上影响学习者的学习情况和学习质量。换言之，思想政治教育需要从实际的角度出发，满足具体的规律和要求，保证受教育者的主体地位。在教育的同时开展社会实践活动，通过社会实践活动来提升受教育者的整体能力，无论是主体还是客体，在社会环境中，都是具有独立人格的。因此，在学习时，必须要调动主体的主观能动性。其次，需要充分利用现有的资源和环境，通过趋利避害的方式保证自身的发展与进步。

第二，需要注重理论创新和方法创新。高校思想政治教育的核心在于实践，理论和实践的充分结合，是当代大学生蓬勃发展的基础。良好的价值理论经得起实践的检验。所以，在开展高校思想政治教育的过程中，不能仅仅停留于理论层面，需要让更多的学生投入社会实践中去，在实践的过程中，领会思想政治教育的重要意义。与此同时，理论本身所具有的"先知"作用也是极为关键的。理论和实践的结合能够让大学生以更加直观的方式了解思想政治教育对于自身发展的重要意义。由此可见，在开展高校思想政治教育的过程中，需要充分结合理论的优势和实践的优势，在巩固理论体系的同时，在实践领域取得创新成果。

（二）高校思想政治教育规律的发展分析

掌握各因素的内在联动性，实际上就是掌握了高校思想政治教育的发展规律。教育者在开展教育的过程中，除了需要结合自身情况还需要结合周边环境和受教育者的基本情况。除此之外，受教育者个人的思想品德和学习能力也会成为影响学习效果的核心因素，这种变动的因素通常被称为张力。张力是一个物理学概念，它是指物体在受到力的作用时会反作用给力的发出者，两个力是互相垂直的牵引力。在其他很多学科中都引用了这一概念，这个概念可以解释事物之间的相互作用力、牵制力以及平衡力。在高校思想政治教育的活动中也引用了这个概念。教育者的教育目标是不断地提升受教育者的思想品德，使其不断地超越自我，达到更高的高度。

在通常情况下，受教育者的思想品德和教育者的思想品德之间存在隐性的冲突，这种冲突也是规律的一部分。对于这一基本矛盾，可以用适度张力规律进行相应的解释。

社会对于受教育者的思想品德的要求相对较高，而绝大多数受教育者很难满足社会的实际要求，这个矛盾是长期存在的。而思想政治教育的核心目的就是淡化这个矛盾，让更多的受教育者能够提升思想道德水平，符合社会环境的实质性要求。解决这个矛盾的途径之一，就是社会实践，通过社会实践的渠道，能够有效提升受教育者的思想道德水平。在旧的矛盾得到充分解决之后，社会还会提出一些新的要求，进而产生一些新的矛盾。通过解决矛盾的方式，促进事物的发展。同时，教育者在这一过程中也被要求具备较高的思想道德水平，需要具备引导受教育者的思想道德发展的能力。

思想政治教育过程中的适度张力也是规律的主要体现形式。尤其是高校思想政治领域，教学质量和教学过程的有效性，需要适度张力提供保障。

首先，适度张力规律作为事物的本质规律，是开展教育实践活动的主线，应该得到更加充分的强调。无论是初期的内化阶段还是中期的外化阶段，适度张力规律都发挥着极为关键的引导性作用。就思想政治教育过程本身来看，教育的目的是使受教育者具有自我教育能力，懂得自觉运用一定社会阶级的思想政治理论体系，形成社会思想政治要求与受教育思想品德水平之间的动态平衡关系。

其次，适度张力规律的存在，在一定程度上揭示了思想政治教育的基本发展脉络。一方面是教育者传授的思想教育内容逐步深入提高，实施的教育方法不断优化；另一方面受教育者的思想政治品德逐渐向相应的社会要求靠拢，这是受教育者人格社会化的应有之义。

最后，适度张力规律可能会对思想政治教育过程造成较为直接的影响。如果在教育过程中能够充分遵循这个规律，取得的效果往往相对乐观。

第三节　高校思想政治教育的理念和价值

一　高校思想政治教育的理念

就当下的情况来看，人们的生活环境和社会观念发生了显著的变化，对于很多事物的认知也有所转变。特别是在当下的社会环境中，高校思想政治教育的内容需要不断创新，而相关教育工作者则需要承担起更加严峻的职责。从这个角度来看，如何使得新时代青年更符合社会环境对于思想政治的基本要求，是相关工作者所需要探讨的主要问题。

任何的理念都需要不断的积累。教育工作者在开展教学的过程中，需要从主观的角度出发，潜移默化地影响被教育者的情感认知和思维观念。只有充分认识到主体在社会环境和思想政治教育体系中的关键地位，才能从功能、目的、任务、过程、内容、原则等角度出发，形成更加正确的观念和看法，并通过实践的方式，检验方法的准确性和科学性。

可以肯定的是，在后续的发展过程中，高校思想政治教育必须要通过不断创新的方式来提升自身与社会之间的适应能力，在创新中取得发展和进步的动力。这种创新需要来自理论，也需要来自实践。

（一）全面发展的教育理念

一切工作都要以促进人的全面发展为中心，只有解决好这个问题，社会经济才能得以发展。就目前的情况来看，思想政治教育的核心任务是培养符合社会时代要求的社会主义接班人，培养更加符合时代背景的高素质人才。这是一项惠及千家万户的项目，因此必须将人的全面发展作为基本原则。

而高校思想政治教育能否按照预先制定的标准完成相关任务，大学生能否在思想政治教育领域取得更加显著的成果，能否以更高的标准进行自我要求，这些都是高校思想政治教育所需要探讨的主要问题。这三个方面之间存在的内在关联性是不可忽略的，与此同时，每一个要素都可能对教育过程造成直接影响。对于大学生而言，想要在当下的社会中实现全面发展，就需要具备更加出色的能力和更加完善的思想。通过思想政治教育，能够让大学生在步入社会之后，以更加正确的态度对待社会环境中产生的一些问题，大学生在学习生涯结束之后，很可能出现不适应社会的问题，思想政治教育能够让大学生以更高的标准来进行自我要求。了解思想政治教育的内涵，以更加严格的道德标准来提升自己，这就大学生的全面发展而言是极为关键的；大学生不仅仅需要具备出色的专业能力，还需要具备一定的思想道德水平；从身心健康的角度出发，不断提升自我要求，提升思想道德标准。上述条件是大学生能够实现全面发展的保障，具体来说，要做到以下几个方面。

1. 积极融入社会实践

实践是检验真理的主要途径。大学生需要通过实践来检验自身的思想道德情况，并将其转化为积极要素，促进自身的发展与进步。劳动是人类社会存在和发展的基础，促进了社会的进步。在劳动的影响下，人类摆脱了无知和蒙昧，各种社会实践活动开始具有一定的社会属性及社会关系，而社会实践的进一步发展也促使人得到了进一步的发展。

在大学生全面发展的过程中，需要以更加深入的理解和认知了解人类发展的基本规律。积极参与到社会生活中去，响应时代的号召，承担时代赋予的责任和使命。大学生只有在社会实践中发现问题、解决问题，才能使自己逐渐发展成能够满足社会需要的新青年。教育工作者需要以更加平等的态度保证资源的相对平衡，不能以资源倾斜的方式满足某一部分群体的实际需求，教育讲究人人平等，思想政治教育也同样如此。如果教育工作者无法以正确的态度保证教育理念和教育资源的一致性，受教育者最终获得的实际效果也会呈现明显的差异，除此之外，教育工作者还需要将理论和实践结合起来，以更加科学的手段和方式保证教育结果的有效性，给大学生的全面进步和发展提供良好的环境，如果大学生的思想道德认知和政治认知出现偏差，教育工作者则需要从根源的角度出发，给学生带来正确的引导。只有确保理论与实践的有机结合，才能使大学生的个人潜能得到最大限度的开发，进而更好地实现高校思想政治教育的目标。

2. 确立正确的人生目标

任何个体都有自己的人生目标，这些目标并不仅表现为某种信仰和理想，还指那些可以在人生观的指引下经过自己的不懈努力而实现的目标。由于所处的具体位置存在一定差异，所以，不同主体在关注相关问题时，也会呈现出分散化的特点。例如，学生家长会更加注重学生在家庭环境中的思想道德，而教育工作者则更加注重学生在校园环境以及社会环境中的思想道德。

大学是个人发展的关键环节，对于大学生而言，思想政治教育总有一定的距离感。而思想政治教育的相关工作者，则需要为学生提供环境，传递艰苦奋斗、积极奉献的精神理念，将其转化为大学生进步和发展的主要动能。如果能够从这些角度出发，解决思想政治教育中存在的问题，这对于大学生的进步和发展是极为有利的。

3. 遵守社会活动准则

社会准则会对人们的行为产生直接约束。从特定的角度来看，社会规范是社会关系的重要体现形式，也是人类文明发展到某个阶段的必然产物，社会准则能够在一定程度上体现社会的文明程度和社会关系的发展程度。思想政治教育的一项重要任务是引导学生遵纪守法，即帮助学生拥有道德修养是开展思想政治教育的根本目标。大学生需要通过思想政治教育实现全面发展，进而更好地融入社会，为社会的发展做出突出的贡献。

（二）开放式的教育理念

开放式教育是一种相对较新的教学模式，这种教学模式主张平等、自由、互动、和谐，营造更加良好的学习环境，通过现代教学手段和科学技术相结合的方式，提升教学质量和教学效果，进而帮助大学生实现全面发展。高校思想政治教育需要保证多元化，通过自主互动的方式调动学生的学习积极性，建立更加民主的师生关系，让学生在学习的同时，形成正确的三观，成为社会栋梁之材。

开放式教育是交往互动教育。高校思想政治教育中的开放式教育要求在教育过程中实现教育者和受教育者之间的相互沟通、相互交流与相互理解，让学生在各种信息交往中不断实现自身的发展和进步。开放式教育更为注重对学生交往能力的培养，能引导学生正确认识社会交往，理性选择交往对象和方式，在有效的交往中实现自我完善与发展。

开放式教育是包容性教育。面对多样性和多元性的自然及社会发展环境，高校思想政治教育应秉承开放包容的教育理念，使学生在复杂多变的自然和社会环境中实现全面而自由的发展，使普遍性要求与先进性要求在教育目标中实现多层次的有机结合，让教育内容与主旋律充分结合，发挥主旋律和科学教育模式的积极作用，保证教育内容的针对性，让更多大学生能够在学习的同时调动主观能动性，主动吸收对自身有益的知识和内容。

开放式教育是自我教育。自我教育能力是当代人核心竞争能力的一项重要组成部分。高校作为人才培养的重要平台，要注重激发学生自我教育和自我建构的愿望和能力；同时，在培养学生自我激励能力、自我控制能力、自我管理能力的过程中，把思想政治教育的模式目标转化为学生主动追求的目标，从而引导学生养成自我教育的良好品性。

（三）以人为本的教育理念

只有坚持以人为本的发展理念，才能使教学内容更加符合学生的根本需求，提升高校思想政治教育的吸引力和实际作用，培养全方位发展的专业型人才。让学生能够在学习思想政治相关知识的同时，转化为促进自身发展的实际动力，提升学生的思想政治素养。教育的核心在于以人为本，教育的最终目标是将"人"培养成更加出色的个体，因此，在制定教学内容的过程中，也需要围绕"人"来进行设置。总的来说，高校思想政治教育从设置课程到教学形式、教学目标都要围绕以人为本、以学生为主体、以学习目标和学生全面发展为出发点展开，只有采取适合学生学习的方式，才能够取得理想效果。

1. 贯彻落实以人为本的教育理念

在贯彻以人为本的教育理念时，需要从以下几个角度出发。

第一，对于大学生而言，思想政治教育能够为个人发展以及个人融入社会提供更加积极的要素，教育工作者则需要坚持以人为本，保证大学生在教学环境中的主体地位。只有全面提升学生的思想道德素质和政治文化素养，才能让学生形成更加健康全面的人生观、价值观和世界观，这样的教育能够更好地贯彻以人为本的核心理念，更加高效地实现预先制定的教学目标。

第二，在教学的过程中，不仅需要关注社会价值，还需要关注大学生的个人发展。二者同等重要。

第三，在开展相关教育内容时，需要融入更多以人为本的理念和观点。人的思想观念会随着人的道德水平的提高而不断改变。思想政治教育的社会性需要高校思想政治教育工作者在不断变化的社会环境中，遵照以人为本的理念，重视思想道德教育。要想使思想政治教育长期化、经常化，就要改变高校思想政治教育教学的短期行为，革新思想政治教育的方式、范围、内容，不断提升受教育者的思想政治水平和道德品质。

2. 设计以人为本的教育内容

在新的时代背景下以人为本与思想政治教育之间的结合，能够取得更加可观的实际效果，教育工作者需要注入更多时代特征和时代价值，让学生能够从实践中汲取有价值的内容，将自身的诉求转化为获取知识的动能。高校思想政治教育通常包括法制教育、品德教育、历史教育、文化教育等，在开展这些教育的过程中，需要适当融入中国特色社会主义理论体系和基本内涵。上述教育内容均要在深入分析的基础上，将这些理论内容与大学生实际结合起来，使之内化于学生的整个大学学习生涯。在设计以人为本的教育内容时要注意以下问题。

第一，思想政治教育在继承中华民族传统美德的同时，还应根据经济社会和人的发展需要，创新思想政治教育的价值标准，并注意将这种继承和创新结合起来。弘扬传统美德既能加强对学生的思想政治教育，还能丰富学生的个性化思想，鼓励勇于创新的精神。

第二，适当融入竞争意识和合作精神。竞争能够调动人们的主观能动性，促使人们奋发向上，这也是现代社会进步和发展的主要动能之一。在保证教学效果的同时，需要给更多大学生带来正确的引导，让他们建立良性竞争关系，构建完善的学习环境和成长环境，通过互利共赢的方式共同进步。

第三，个人和社会之间的关系应该尽可能和谐。个人与社会之间需要打破原有的封闭和隔阂，以更加积极的态度融入社会环境中。在人与自然不断协调的过程中，采用科学技术提升发展效率，找到一个更加和谐的发展平衡点。

第四，提升思想政治教育的实用性和针对性。相关教育工作者需要对现有的课程内容进行改良，尊重学生的主体地位和主观意识，掌握具体的方法与技巧，采用更加正确的方式对大学生进行积极引导。

3. 运用以人为本的教育方法

在开展思想政治教育时，相关教育工作者必须要构造一个相对民主的环境，用更加平等的身份和态度与学生进行交流，尊重学习者；从事高校思想政治教育的工作者要以身作则，用实际行动感化和熏陶学生，知行合一，激发学生的学习主动性，提高其自我约束能力；高校思想政治教育工作者可以采用灵活多样的教学形式，提升教学的趣味性和有效性，将简单的知识输入转变为学生与教师的互动互学，以达到教学相长的目的。

自我教育是思想政治教育的环节之一。很多学生通过自我教育的方式实现突破式进步。通过自我教育的方式，提升自身的认知能力和学习能力，不断从外界获取信息，转化为自身的观点和认知。思想政治教育是提升个人发展动能的主要环节，在开展相关教学的过程中需要坚持以人为本的核心理念。这也就意味着，相关从业者需要积极引导学生自我学习，通过良性循环的方式，让学生主动吸收对自身有益的知识，不断创新、不断突破，提升学习效果，为自身的发展和进步提供环境，不断完善自我。给学生提供正确的引导，通过具体的激励机制，提升学生的学习动力，具体包括：目标激励、成就激励和活动激励等，在学生进行自我评价的过程中，教育工作者需要发挥一定的辅助作用。从整体的角度来看学生的自我学习和自我领悟是一个长期的过程，需要一个更加具有经验的教育工作者给予正确的引导，及时准确的引导是保证学生正向发展的关键，同时也是提高学生学习效率的主要方式。在后续的发展进程中，教育工作者需要发挥的作用必然会更加关键，而不是传统的以偏概全，盲目地采用填鸭式教学方式进行灌输。

（四）德育为先的教育理念

在教育工作中，重要的理念与原则便是德育为先，这是立德树人的重要环节。对此种教育方式进行分析得知，它与其他的教育存在一定的不同之处，并且具备引领与先导的正向影响。思想道德情感与意识的培养需要得到各高校的重视，并将思想政治教育水平不断提升，自身信念与认知的不断深化，运用上述内容对行为与意志进行塑造。对德育为先的内涵进行分析可知：一是在实施教育的过程中，德、智、体、美必须全面发展，这是推进教育工作顺利进行的关键所在；二是在人们发展与成长过程中，德育发挥的作用尤为关键，培养目标的明确与此种导向作用密切相关，并且是国家教育方针实施过程中的关键所在；三是不断提高德育的质量和水平，切实保障德育在各类教育事业发展中的优先地位。

在高校教育工作中，教育的水平与质量是大家所关注的，尤其是与德育为先理念密切相关的思想政治教育工作。在许多层面均有体现。

1. 德育为先理念是全面贯彻党的教育方针的需要

为社会主义现代化建设做出贡献是教育的唯一使命。优秀人才是建设工作顺利进行的关键所在，而在对这些人才进行培养的过程中，德智体美全面发展至关重要，与此同时，教育理念要始终将以德育为先作为核心。为了推进德智体美的协调发展，就需要重视德育工作；而在人们自由发展与全面育人的过程中，智育与体育则是重要的核心与基础；人们全面发展目标的实现，美育起着至关重要的作用。由此不难看出，想要将教育的功能充分发挥，就需要将各教育之间的关系充分掌握。另外，不能忽视与思想政治教育理论的结合，并在人才培养的过程中，将德育理念引入其中，通过上述方式，制定的目标得以实现，最终的效果相对显著。

2. 德育为先是德育工作的评价标准

在对德育工作进行评价的过程中，重要的参考标准便是德育为先理念。在教育工作实施过程中，通过德育为先理念将德育的地位进一步明确，并作为以人为本教育工作的重要基础，另外，德育的统领性作用在此阶段中也得到了确定。

3. 德育为先是学生成长与成才的必由之路

对道德修养进行分析可知，其过程具备一定的内化性，并且进一步结合了道德的实践、知识、理论。在思想政治教育工作中，站在高校工作者的角度来讲，德育为先原则不容忽视。依据建设过程中的相关要求，培养出与之对应的人才。在思想道德领域中，社会主义道德是重要核心，大学生在学习的过程中能够将优良传统传承，在正确道德观树立的同时，严格遵守道德规范，依据社会主义道德相关要求，将自我进一步完善。

二　高校思想政治教育的价值

在时代发展过程中，思想政治教育占据着重要位置，与此同时，也加快了思想政治教育学科发展的步伐。而高校思想政治教育的价值决定了思想政治教育的方向和路径，在思想政治教育事业中具有核心地位。站在思想政治教育的角度进行分析可知，无论是教育的开展，还是地位的明确，都与高校思想政治教育价值的正确认识息息相关，其中的意义尤为深刻。

（一）高校思想政治教育的政治价值

对思想政治教育进行分析能够得知，其中不容忽视的便是政治价值，在众多方面均有涉及，包括社会的稳定方面、政治的发展阶段等，这便是政治价值的意义所在。政治价值在思想政治教育领域中起到的作用不容忽视，这得到了大家的重视。在政治的行为与意识、人才的培养过程中，思想政治教育至关重要。与此同时，产生的积极作用不容忽视，对社会政治稳定发展起到推进作用。对思想政治教育进行分析能够得知，其中尤为关键的便是政治价值，其包含的内容有很多，包括社会精神生产、社会政治稳定与发展、政治关系再生产等层面的价值。

1. 社会精神生产的价值

通过分析社会生产不难看出，有两个层面需要得到重视，分别为物质与精神，就某些层面而言，二者的关系密不可分。在精神生产领域中，包含着众多内容，包括思想与政治，另外还有法律与艺术，除此之外还有道德与哲学等。

马克思主义对于我国思想政治教育起到了不可忽视的影响，并且是宣教社会主义核心价值观过程中的重要核心，与社会精神生产进行融合，能够将调节精神生产导向的目标实现；对于马克思主义意识形态，在思想政治教育的思想与之对立的过程中主要运用的方式有两个，一是揭露，二是批判。通过上述方式，将与现实不符的精神生产与产品进行取缔，在对人们进行武装与引导时，应用的方式主要为科学的理论与正确的舆论，而在对人们进行塑造与鼓励时，应用的方式主要为高尚的精神与优异的作品，人们精神需求通过上述方式得以满足；帮助人们建立与社会相适应的思想政治品格，增强人的自我意识、社会意识和斗争精神，积极进行自我改造，并进一步参与改造社会、改造世界的伟大事业；精神生产必须与人民根本利益相一致，与社会主义事业的发展方向相一致，社会主义经济基础与制度的发展需要一些因素的帮助才能够实现，此时尤为关键的便是健康的精神产品。

2. 政治关系再生产的价值

在日常生活中，利益是人们所关注和需求的，在这个过程中，形成的社会关系具有一定的政治力量，并且相对强势，这便是政治关系。经济基础决定上层建筑，政治关系也不例外，人类在阶级社会中的活动建立形成了相应的政治关系。站在人们的角度来讲，自身的政治与经济行为会受到一些因素的制约，尤为关键的是形成的社会政治关系，对于受教育者认同政治社会化与政治角色起到推进作用，同时，政治关系再生产的目标得以实现。

在意识形态需求下，思想政治教育由此形成，政治任务在此时不容忽视。我国进行改革开放四十多年来，经济社会发生了天翻地覆的变化，人们的思想观念、价值追求也同步进行改变，这从客观上要求进一步发挥思想政治教育的作用，用社会主义意识形态占领思想阵地，积极引导人们正确认识社会发展中的各种矛盾问题，树立正确的社会主义核心价值观，帮助人们自觉抵制错误的价值理念。

3. 促进社会政治稳定和发展的价值

通过对意识形态进行分析可知，马克思主义尤为关键。其承担的任务主要有三个：一是意识形态的传播，并逐渐向主流意识形态方向靠拢；二是重点研究非主流意识形态，并学习其中的优势；三是逐步开展创新工作。就目前的情况而言，意识形态尤为关键，首先，对党的方针、路线进行宣传，能够获得全党成员的认同。其次，各自的实质需要明确，要以平等的态度开展思想政治教育工作，在教学中加强沟通交流，认真开展调查研究，收集教育对象的意见建议，认真进行评估，积极形成评估报告等调研成果，为相关决策部门发挥好参谋助手作用。最后，思想政治教育主体对不同方面会产生一定的作用，包括社会矛盾与人际关系，另外还有党与人民的联系，除此之外还有民族凝聚力的增加与社会稳定发展等。

（二）思想政治教育的经济价值

在思想政治教育活动过程中，对社会经济起到一定的正向影响，这便是思想政治教育的经济价值，无论是人们的精神需求，还是物质需求，通过上述方式都能够满足。思想与理论的正确指导是经济建设过程中的关键所在，无论是经济建设社会主义方向，还是精神动力，都与思想政治教育息息相关，经济在此种环境中能够实现快速发展。

1. 保障经济建设与社会主义发展方向相一致

科学理论作为教育工作的启明星发挥着自身的作用，并且与马克思主义息息相关。它对于社会主义方向与市场中的资源配置都有着相应的影响。高校思想政治教育通过对我国社会主义市场基本经济制度、经济规律、经济形势的解读宣传，帮助人们树立正确的经济观念，既树立市场竞争意识，促进经济高质量发展，又兼顾社会公平公正，确保经济发展依靠人民、为了人民，避免贫富差距过大问题。

2. 为提高社会生产力提供精神动力

人是推动社会发展、提高生产力的核心因素，具有主体地位。人类的生存具有强烈的自主性，在征服自然、改造自然、利用自然的过程中，人类创造财富，获取赖以生存和再生产的生产资料，形成了生产力及生产关系。通过思想政治教育可以帮助人民认识劳动的本质，明确财富创造的过程，认清社会主义劳动关系的优越性，进一步为认识经济规律、克服困难，实现经济高质量发展提供更加强大的精神动力。在这一过程中，社会主义基本经济制度将更加巩固，社会主义市场经济优势将进一步得到发扬，社会主义生产力将得到进一步提高。

3. 为经济发展提供良好的舆论环境

社会稳定和谐是经济高质量发展的前提条件。经济的发展需要在和谐的社会环境中才能够实现。对于良好舆论环境与社会风气的创造、社会主义市场经济的发展等方面，意识形态功能具有显著作用，由此可见，思想政治教育需要将此种功能发挥，帮助人们全面认识经济发展不同阶段的特点、问题、规律，更加客观理性地看待经济周期的变化，进而对社会主市场经济发展具有更强的信心和耐心,形成良好的"撸起袖子加油干"①的良好社会氛围,促进经济高质量发展。

(三) 思想政治教育的文化价值

社会发展态势相对迅猛,在这个过程中,人们对于文化的需求呈现明显的上升趋势。面对此种问题,希望通过一定的方式进行满足,此时应用的便是思想政治教育,即文化价值。通过对社会意识形态进行分析可知,核心内容便是思想政治教育,此种活动对于社会主义文化建设具有显著正向影响,社会主义文化发展得以推进。对思想政治教育的文化价值进行分析可知,依据文化运行过程来讲,其价值在不同层面均有体现,包括文化的选择与创造,另外还有传播等。

1. 文化传播价值

在传播思想、政治观点的过程中,不同群体、不同地区之间的传播过程便是文化传播。大面积传播主流文化,是社会化实现的关键所在,对于思想政治教育有着显著的正向影响,这便是其文化传播价值的重要表现。

教育者的工作核心便是相关知识的传授,主要包含两方面的内容:首先是思想观点,其次是政治观念。上述内容均位于文化领域中,并且在传播文化时应用的方式较为特殊。有两个方面与思想政治教育有关。一是社会主导文化的价值观是受教育者必须接受的,并且主要是通过两个方式来实现的:①相关信息的传播,②主导意识形态,从而将行为模式逐步形成,与社会要求相一致。二是在获得思想政治知识的过程中,受教育者能够通过不同的形式来实现,包括社会实践活动,另外还有学习等,从而将政治的态度、情感、信仰、观点等逐步形成。

2. 文化选择价值

人们对于价值具有选择的权利,因此,选择的方式有两个,即肯定性和否定性。前者主要指的是对文化因子进行吸收,并在思想政治教育领域中添加人类的精神财富,由此构成思想政治教育内容,并不断发扬与壮大;后者主要指的是对文化因子进行排斥,这些文化因子会对受教育者产生负面影响,因此,需要彻底清除。

---

① 《国家主席习近平二〇一七年新年贺词》,《人民日报》2017 年 1 月 1 日。

在表现形态方面，文化可谓多种多样，并且内容极为丰富，无论是主流文化，还是非主流文化，都包含在其中；推进人类发展的精神财富包含在其中，但是一些糟粕也不可避免。对此，在思想政治教育工作实践中，必须树立"扬弃观念"，对于符合社会主义核心价值观的各类形态文化，要在思想政治教育中加以学习吸收并进行传承；对于与我国思想政治教育理念方针、社会主义核心价值观相互矛盾的东西，要将之当作文化糟粕予以摒弃，坚决与之进行斗争，保证思想政治教育的正确方向。社会主义文化发展过程中面临着诸多的困难，在这个过程中，思想政治教育排除万难，制定的目标得以实现。中国传统文化与西方文化都是我们进行思想政治教育的重要材料来源，但是为了建设文化强国，在应用过程中必须注意甄别、扬弃，科学分析、学习、利用、借鉴不同的文化因素、现象，将之转化为与中国特色社会主义发展道路相一致的文化部分。

3. 文化创造价值

对于一个民族而言，文化的作用不可忽视，并且是实现民族创新力、凝聚力、发展力的重要前提条件。

对于文化创新人才进行相应的培养，这是思想政治教育工作的关键所在。人们的积极性受到优秀人才的影响而显著提升，因此，拥有创新与创造能力的人才将是思想政治教育培养的目标，从而将理论文化不断更新。站在教育者的角度来讲，实际情况与自身经验是开展教育工作必须考虑的，尤其是在政治观、价值观、道德观的传播阶段中，汲取优良文化的精华，摒弃落后、腐朽的文化，根据社会主义核心价值观的要求传承和更新原有文化，并向受教育者传播和渗透新的思想、观念。由此可知，思想政治教育主要是教育活动的实施，具有一定的特殊性，对于人们的价值观、行为方式均有不同程度的影响，文化结构通过人们的行为而不断更新，文化创造的作用得以实现。

（四）思想政治教育的生态价值

受教育者通过一定的方式能够形成对应的观念，其中有两点尤为关键，一是生态意识，二是生态价值。对于自身的行为能够起到显著的正向引导，并且在思想政治教育中不容忽视，这便是生态价值。生态文明的作用在我国现代化进程中尤为突出，这得到了大家的关注。

1. 帮助受教育者形成生态意识

对社会意识起到指导作用的便是生态价值观，这是生态意识的核心内容。人类的生存发展以适宜的生态环境为基础，人类在认识自然、改造自然中创造了辉煌灿烂的人类文明，而人类文明的长期发展反过来要求人们要保护自然，实现人与自然的和谐发展。生态文明建设是现代思想政治教育工作的重要组成部分，具有不可忽视的作用，有利于形成保护生态环境的良好氛围。

2. 帮助受教育者形成生态责任感

在人们生活中，生态环境问题尤为关键，一旦环境受到污染，那么人类将是最大的受害者，因此，人类应该树立保护生态环境的意识。受教育者逐步统一自身的认识与价值，这需要思想政治教育的帮助，这是其最大的价值所在。一方面，学校在制定教学方案时，需要将环境保护与生态学知识引入进来；另一方面，要通过教育帮助受教育者了解热爱大自然，深刻认识到人类与自然不可分割的深层关系，强化保护自然的道德意识和感情共鸣，自觉肩负起保护自然的光荣使命，弘扬天人合一的传统生态道德要求，确立"绿水青山就是金山银山"[①] 的深刻认识，自觉做生态文明的弘扬者和建设者。

人是生态文明的主要建设者和推动者，生态文明的发展程度取决于人类的认识水平和行动能力。建设生态文明并不是一朝一夕就能够完成的，这需要大家的不懈努力，是由人们勤劳的汗水构筑而成的。在精神文明层次上，受教育者通过思想政治教育而显著提升，对于自身出现的"近视"与"短视"问题，在与自然接触的过程中不断克服，从而将平等和谐的目标实现，很显然，生存发展是人类所关注的，在这个过程中，人与自然的关系、局部与整体的关系都需要得到正确的处理，从而将人类与自然和谐发展的目标实现。

3. 引领生态思潮，创新生态文化

生态处于危机之中，此种问题的产生与工业化发展息息相关，生态问题逐渐受到了大家的重视，并制订了相关的工作计划。面对着不断恶化的生态环境，逐渐形成了不同的生态思潮，包括生态的伦理学与社会学，另

---

① 《习近平谈治国理政》第2卷，外文出版社，2017，第559页。

外还有生态人类学与哲学，除此之外还有生态政治学等，能够对生态危机进行思考，并制定与之对应的解决方案。对生态思潮进行分析主要是为了审视人类的文化与文明，明确生态文明建设的核心问题，在生态文化发展和生态价值的追求上确立正确的发展方向。在人们正确生态意识形成的过程中，起到重要引领作用的便是马克思主义的思想、观点、方法，为人们认清其中的本质起到辅助的作用，对于此时的人们来讲，无论是吸收方面的能力，还是评判方面的能力，都得到了显著提升。

在社会的发展过程中，人们逐渐认识到了可持续发展的重要性，在这个过程中，人们是否能够与自然和谐共存成为大家热议的话题。对于中国先进文化来讲，社会主义生态文化起到的作用不可忽视，由此不难看出，人类发展与文化前进的方向在此时得以体现，并将人与自然和谐发展过程中的丰硕成果吸纳。时代在不断发展，思想政治教育要满足其中的各项需求，形成的生态文化必须与生态文明建设相一致。受教育者通过上述方式能够对生态文明建设产生正确的认识，了解其中的意义。由此可见，生态文化思想的精华需要得到吸纳，与此同时，将文化创新具备的功能充分发挥，这是思想政治教育的重要核心。

第四节　中华优秀传统文化与高校思想
政治教育的关系

人类的生活生产实践创造了各式各样的文化，按照马克思主义观点，人的本质"是社会关系的总和"①，因而反过来人又总是生活在其所创造的文化之中。思想政治教育是人类文明传承的重要部分，是教育学生健康成长不可或缺的方面，而思想政治教育的开展又是在当地特定文化环境中开展的，因而必须重视与所处时空文化的密切结合。就我国思想政治教育而言，中华优秀传统文化本身就蕴含具有高度价值的内容，是开展思想政治文化教育的宝贵源泉，需要高度重视发挥中华优秀传统文化的重要价值，批判继承其中的精华成分，使之成为涵养民族精神、传承民族文化的重要载体。

---

① 《马克思恩格斯全集》第3卷，人民出版社，1960，第87页。

一　中华优秀传统文化是思想政治教育的重要支撑

经过五千多年的发展积累，中华优秀传统文化巍巍壮观，在人类文化中独具一格、熠熠生辉，包含丰富有益的思想政治教育内容，值得深入挖掘发扬。党中央明确提出，要将马克思主义与中华优秀传统文化相结合，因而在思想政治教育实践中要高度重视将社会主义核心价值观与中华优秀传统文化相贯通，以马克思主义中国化的理论成果为主线，串起与之相适应的优秀传统文化的各项瑰宝，形成在传统中创新、在创新中继承的浓厚思想政治教育氛围。

目前建设和发展中国特色社会主义文化已成为中国文化建设的核心任务，内容充实丰富，不但要传承中华优秀传统文化，还要弘扬红色文化，并加大社会主义先进文化的建设力度等，为社会主义文化注入不竭动力，推动其持续发展。具而言之，基于马克思主义，始终贯彻落实以人为本，更快、更好地培养社会主义建设者、接班人、时代新人，发展系统化、全面化、体系化的社会主义文化。这一主题内在地蕴含以中国特色社会主义文化武装人、化育人、提升人的使命任务。

形象、旗帜、新人、民心、文化，要展、要举、要育、要聚、要兴，并把其作为目前宣传思想工作的重中之重。"兴文化"明确了文化发展道路与前进方向，绝不偏离中国特色社会主义这一总航道，唯有如此中华优秀传统文化才能在进入新时代更具活力与生机，一方面优秀革命文化要继承，另一方面先进文化要发展，全民族营造文化创新氛围，调动文化探索主动性。不难发现，无论在哪一个时代，中华优秀传统文化的战略价值和时代意义都不容忽视。与此同时，习近平总书记还明确提出："今天的中国，是赓续民族精神的中国""每当辞旧迎新，总会念及中华民族千年传承的浩然之气，倍增前行信心。"① 深刻理解和领会习近平总书记的上述观点可知，在思想政治教育中，中华优秀传统文化可以发挥作用的空间巨大、潜力巨大，需要予以高度重视发掘。

中华优秀传统文化具有较强的实践性，重在知行合一，在"知"与"行"的交替进行中，对人产生潜移默化的影响，实现价值传承、文化传承、理念传承，是中华民族屹立不倒、生生不息的保证。在一系列文化观

---

① 《国家主席习近平发表二〇二三年新年贺词》，《人民日报》2023 年 1 月 1 日。

念中自我选择是其主要实现路径，从而更好地认识到社会要求和主观水平之间的差距，为社会成员营造良好的文化氛围，调整精神状态、精神风貌，充分融入社会、个人发展。

第一，社会成员是受众群体，要努力培育其文化自觉性，使其内心深处产生主动提升文化修养的愿望，进而实施文化学习行为，在此过程中不断规范文化，提高文化素质；第二，使其发挥主观能动性，自觉开展文化自我教育、约束、反思，不断改善自己的文化修养；第三，使社会成员具备高度理性自觉，使其定期开展自我文化评价，取长补短，推动社会成员实现健康、综合性发展。

我国高等教育要走的路依旧很长，要大力培养全能型、综合性的社会主义事业接班人，始终坚持立德树人的基本原则，尤其要充分发挥文化育人、化人职能，积极主动地把文明校园各项建设工作不断推向深入，定期组织多样化、乐趣化、系统化的校园文化活动，同时也要配合多元化的社会实践。中华优秀传统文化是中华民族五千多年文明历史的结晶，蕴含丰富的育人资源和方法智慧，在化民成俗、教化人民的过程中产生了巨大作用，具有重要的思想政治教育功能。

（一）价值导向

中华优秀传统文化的价值体系影响深远、意义重大、价值较高，再次证明了马克思主义和中国传统在价值观领域的高度吻合性，主要有政治意识形态、价值取向等方面，历史基础扎实，现实基础牢靠，包括了民族精神追求和行为准则。在培养中华优秀传统文化观的过程中要树立长远目标，不可急功近利、急于求成，文化的熏陶培养是一个长时间积累的结果，存在从无到有、从有到精、由外到内的过程，要秉持长期主义的教育理念，久久为功。只有中华优秀传统文化教育水平不断得到提高，才能便于人们更加认可和相信中华民族及其文化，民族精神以爱国主义为核心，其影响力非常大，不断提高中华民族的影响力与号召力，坚定全国各族人民的理想信念，致力于提高人们的文化价值素养。

（二）内容依据

爱国主义在传统文化中居于核心地位。古代有三不朽的事业，有横渠四句的理想信念，流传下了"天下兴亡，匹夫有责"①"先天下之忧而忧，后天下之乐而乐"②"鞠躬尽瘁，死而后已"③等激励人心的著名诗篇，构成爱国主义文化传统的深厚文化渊源。仁爱是传统文化的核心要求，《论语》记载"仁者爱人"④。诚信是传统文化的重要方面，有不诚无物的古训。仁义是传统文化的基本要求，明确先义后利的义利观，构建中华民族的基本安身立命的行动理念。同时，传统文化中具有励志求学的重要方法，例如孔子的"三人行必有我师焉"⑤的学习态度、孟子的"盈科而进"⑥方法，子思的"人一能之，己百之"⑦的学习志气等，都可以成为当代思想政治教育中激励青年学生认真学习、希圣希贤的重要借鉴。因此，我国高校在开展思想政治教育工作时，要把优秀传统文化的传承与发展作为工作重心，持续提升大学生的整体素质，赋予思想道德品质鲜明的时代特征。

（三）方法智慧

中华优秀传统文化重视自我内心的修养，强调学习修身的根本目的在于为群体做贡献，形成一种自利利他的良好人文传统，有力调节个人与社会的关系，形成内在的和谐统一。此类修身方法，对当代的思想政治教育工作具有极其重要的价值。

首先，中华优秀传统文化教育重视培养内在动力，重视慎独自省。例如，"吾日三省吾身"⑧"君子必慎其独也"⑨"克己复礼"⑩等。此种修身方式具有以下特点：一是通过合适的内在引导方法，将社会行为规范变成自己的身心感触，并且形成相应的心理自觉，使人们从心里敬畏和尊重社会行为原则；二是大力提倡人人从我做起，基于伦理人际关系营造相关的心态氛围，人人都与该氛围息息相关，不知不觉受到影响，将社会行为规

---

① 《日知录》卷十三。
② 《岳阳楼记》。
③ 《后出师表》。
④ 《孟子·离娄下》第二十八章。
⑤ 《论语·述而》。
⑥ 《孟子·离娄下》第十八章。
⑦ 《礼记·中庸》。
⑧ 《论语·学而》。
⑨ 《大学》第七章。
⑩ 《论语·颜渊》。

范由外在的他律转化为内在的自律；三是在慎独反省中，实现自我价值与社会价值的统一，达到"心安理得"的人生状态，平衡了个人与社会的价值追求，实现二者内在的统一与和谐。

其次，传统文化重视以"教化"的方式实现社会教育。在制度上形成了祭祀天地、举孝廉、办学校等，重视教育对社会安定祥和的重要影响。例如，《礼记》强调"建国君民，教学为先"①，可见古代就已经深刻认识到教育对于思想政治文化的重要意义。在生活方面，传统文化重视知行合一，强调一切都是以修身为本，形成了内外一致、听其言观其行的社会评价方法，对人们自觉加强个人修养、遵守社会规范起到了软约束的作用。在当代的思想政治教育中，可以借鉴古代的社会教育方式，进行创造性转化和创新性发展，引导人们将民族精神、国家制度、社会制度的合理性、合法性认同作为重中之重，建立新时代的文化礼仪制度，形成新时代新的行为风尚，实现硬约束与软约束的结合，外在约束与内在约束的统一。

最后，是大众化方法。中华优秀传统文化多姿多彩、丰富多样，形成了百花齐放、百家争鸣的大好局面。在当前的思想政治教育中，要创新方式方法，采取有容乃大的方针，在不违背社会主义发展方向的前提下，充分调动各类文化主体的积极性，加强优秀传统文化传承创作，在实践过程中创新技术和风格，在技术、风格和思维方法的辅助下，提高思想政治教育工作的专业性、可操作性。

二　思想政治教育是传承中华优秀传统文化的重要途径

中华优秀传统文化和当代思想政治教育氛围关联性极强，已成为影响和左右思想政治教育内容和步骤的关键因素，同时思想政治教育作为一种文化活动，反映着自我意识的演变，是推动中华优秀传统文化发展的有效路径。

育新人，就应该始终坚持立德树人、以文化人的基本原则和基本路线，在思想政治教育中始终将社会主义精神文明、核心价值观作为核心内容，创新教育方式方法，全面提高人民的思想境界、政治水平、道德水准，培养更多的时代新人，这项工作具有重大意义，需要持之以恒地凝聚共识、持续开

---

① 《礼记·学记》。

展。思想政治教育在各项教育工作中具有引领保障作用，具有重大现实意义和社会价值，保证我国教育方向、人才培养沿着社会主义正确轨道前进。思想政治教育必须将培养全能型人才作为工作重点，以坚持促进人的全面发展为根本，帮助受教育者树立正确的世界观、价值观、人生观，本质就是"坚持用习近平新时代中国特色社会主义思想武装全党、教育人民，健全用党的创新理论武装全党、教育人民工作体系，增进对习近平新时代中国特色社会主义思想的政治认同、思想认同、理论认同、情感认同。推动理想信念教育常态化制度化，广泛开展中国特色社会主义和中国梦宣传教育，弘扬民族精神和时代精神，加强爱国主义、集体主义、社会主义教育，加强马克思主义唯物论和无神论教育。培育和践行社会主义核心价值观，加强教育引导、实践养成、制度保障，推动社会主义核心价值观融入社会发展和百姓生活。加强党史、新中国史、改革开放史、社会主义发展史和形势政策教育，引导党员、干部、群众旗帜鲜明反对历史虚无主义，继往开来走好新时代长征路。"① 其中，中华优秀传统文化教育在教育中要起到重要作用。

在思想政治教育中，要旗帜鲜明地讲政治，要明确坚持社会主义发展方向，弘扬社会主义核心价值观，培养红色接班人，在这个过程中要深刻把握中华优秀传统文化的历史与现实，以历史的眼光审视继承发扬，使之与中国特色社会主义发展道路保持一致，服务于当前经济社会文化的健康发展。客观地讲，当前在弘扬中华优秀传统文化方面还存在一系列问题，比如，质量参差不齐、缺少创新等，充分发挥思想政治教育对中华优秀传统文化的影响作用迫在眉睫，不断继承创新中华优秀传统文化。

（一）基本原则

思想政治教育必须将社会主义文化大背景作为出发点和落脚点，在此基础上大力弘扬社会主义思想政治文化，避免走弯路、走错路、走邪路，旗帜鲜明地走社会主义大道。思想政治教育是社会健康发展的重要基础，对上层建筑也产生较大作用，同时也对解放和发展生产力具有重大意义。在社会发展实践中，可以把思想政治教育作为人类思想的提高工具和改善

---

① 中共中央、国务院：《关于新时代加强和改进思想政治工作的意见》，新华社，2021年7月12日。

利器，有效提升其道德水平和素质能力、缩短人全面发展周期，全面提高人才培养质量，充分发挥思想政治教育凝聚人心、规范社会行为的重要作用，思想政治教育作为一种有效手段可调动主观能动性、激发工作热情，切实促进社会主义生产力的长足发展。在生产力与生产关系的相互作用周期中，特别是在调整生产关系的重要历史时期，思想政治教育的作用更加突出，帮助各类市场主体树立正确的政治信念，成为变革中的中坚力量，发挥压舱石的作用，是顺利推进变革的根本保证。

（二）辩证继承

思想政治教育能够直接作用于社会精神生产领域，影响广泛、意义重大，其价值导向功能尤为突出。面对中国传统文化，基本的要求就是要从历史唯物主义和唯物主义辩证法出发，批判地继承弘扬，坚决做到剔除糟粕、吸收精华，服务于新时代中国特色社会主义文化发展，促进人的全面发展，继承民族精神，完善具有中国特色的社会主义文化体系，为人民思想政治文化等各方面的成长进步提供丰厚的文化土壤。

（三）创新提高

思想政治教育是中华优秀传统文化体系优化的重要途径。中华优秀传统文化教育体系的追求目标是充分调动社会成员积极开展自我教育的主动性与积极性，并在主体积极心理暗示和行动下，把作用发挥出来。思想政治教育是通过外部教化的方式促进受教育者从被动接收到主动学习思考的过程，将社会要求内化为自我约束，进而提高全社会的人文环境和谐度。为此，党和国家把思想教育作为工作平台，站在全局高度对社会可持续发展进行合理规划与科学布局。思想活动的前提与基础是新时代发展背景下的中华优秀传统文化发展思想，思想主体在其影响和作用下自始至终保持积极心态、奋进状态，使自己跻身于先进行列，紧跟时代步伐，勇于创新。实现平等与自由是中华优秀传统文化发展新思想的追求目标，要挣脱全部传统束缚、突破各种限制。新思想观念要与新时代发展背景下的中华优秀传统文化精神保持高度一致，创新思想环境，使思想环境内容越来越丰富和充实，不断改善国家治理能力，丰富和完善国家治理机制，赋予治理模式现代化特征，是中国共产党人勇于实践中华优秀传统文化思想原理的必然结果和实践探索。抓住时代发展的有利契机，持续优化和改善中华优秀传统文化的发展氛围。为结构合理性和社会公平性提供思想保障，保证思想发展的稳定性和持续性。在思想政治教育中，一方面要审时度势，加强顶层设计；另一方面，也要保持谦虚谨慎的工作态度，注重吸收借鉴群众首创精神，注重吸收群众意见建议，定期归纳整理群众实践和基层经验，大范围推广合理有效的经验和方法。

总的来说，中华优秀传统文化的继承和发展与思想政治教育是可以一举两得的，中华优秀传统文化为开展思想政治教育可以提供丰富、深刻的素材，而思想政治教育的开展也使得传统文化有了更为鲜活的载体，有助于传统文化走入人们的内心，在新时代的经济社会发展中焕发出崭新的活力，二者密不可分，相互成就。要从客观理性的角度分析研究中华优秀传统文化和思想政治教育间的辩证关系，妥善处理好人才培养与文化土壤的关系，实现传统文化的继承弘扬与人的政治文化水平的提高良性互动、有机统一，切实实现同规划、同部署、同落实，合理配置资源、均衡力量占比，团结协作，致力于不断推动人的全面发展，打造中华优秀传统文化健康发展的良好生态。

中华优秀传统文化作为中华民族历史长河中逐渐积淀而成的民族精华，已经深深渗透到中华民族的社会生活各个方面，并深刻地影响着人们的价值观念和行为习惯。高校思想政治教育已成为新时代背景下引导和影响现代大学生思想价值观念的关键性因素，必须要勇于担当，带动更多的大学生积极投身于中华优秀传统文化的发展创新过程，进而促进中华优秀传统文化与高校思想政治教育在渗透和发展过程中高度融合，成为一个有机整体。中华优秀传统文化内容丰富、形式多样。但是中华优秀传统文化教育受各种现实因素制约无法在思想政治教育体系中占据应有比例。因此，要最大限度地体现中华优秀传统文化的价值，使思想政治教育内容更加丰富多彩并更加具有可实践性。

三 中华优秀传统文化融入高校思想政治教育的意义

（一）有利于大学生树立正确的世界观、人生观、价值观

作为中华民族屹立于世界舞台的基石，中华优秀的传统文化在上下五千年的发展中渐渐形成，其包含中华民族深厚的文化底蕴，也蕴藏着中华

民族丰富的思想内涵，包括中华民族长久发展壮大的正确价值观和民族团结精神。习近平总书记指出："中国特色社会主义文化，源自于中华民族五千多年文明历史所孕育的中华优秀传统文化，熔铸于党领导人民在革命、建设、改革中创造的革命文化和社会主义先进文化，植根于中国特色社会主义伟大实践。发展中国特色社会主义文化，就是以马克思主义为指导，坚守中华文化立场，立足当代中国现实，结合当今时代条件，发展面向现代化、面向世界、面向未来的，民族的科学的大众的社会主义文化，推动社会主义精神文明和物质文明协调发展。要坚持为人民服务、为社会主义服务，坚持百花齐放、百家争鸣，坚持创造性转化、创新性发展，不断铸就中华文化新辉煌。"[1] 习近平总书记的重要论述，为高校思想政治教育工作如何开展指明了道路，提供了根本遵循。

引导大学生学习中华优秀传统文化，可以从历史兴衰的场合，从人类智慧的结晶中，正确看待人生的起伏成败，树立正确的义利观，成为明是非、懂礼仪、知荣辱的社会主义新青年。在思想政治教育工作中，要在发扬中华优秀传统文化的同时，将其与世界文明成果紧密结合，从世界的维度、历史的高度来看待二者的共同点与差异点，充分发挥各自优势，共同推动做好思想政治教育工作。在中国特色社会主义道路发展到新的历史时期的背景下，只有将中华优秀传统文化与各大高校的政治理念教育相结合，才能起到引导和推动的作用。

宋代张载说"为天地立心，为生民立命，为往圣继绝学，为万世开太平"[2]，这为千百年来的读书人明确了人生价值所在，激励着一代代英雄豪杰为之奋斗不息，令人振奋不已。在社会主义的当下，思想政治教育工作依然需要弘扬借鉴传统文化的有益成分，帮助大学生树立正确的世界观、人生观、价值观，树立为中华民族伟大复兴而奋斗的坚定志向。

（二）有利于培养大学生爱国主义精神和社会责任感

作为中华民族最深层次的精神传统和激励中华人民努力奋斗的精神支

---

[1]　习近平：《决胜全面建成小康社会　夺取新时代中国特色社会主义伟大胜利——在中国共产党第十九次全国代表大会上的报告》，人民出版社，2017，第41页。

[2]　《横渠语录》。

柱，爱国主义在中国国家精神谱系中一直处于核心的基石地位。马克思说："人是最名副其实的政治动物，不仅是一种合群的动物，而且是只有在社会中［M—2］才能独立的动物。"① 大学生富有朝气，他们思维活跃，接受力强，他们的精神风貌反映时代特色，是推动中国社会进步的重要力量，既要承担继承下来的民族精神，又要负担起中华民族伟大复兴的神圣使命。中华优秀传统文化既有丰富的爱国主义题材，又有强烈的为民担当的社会情怀，加强对中华优秀传统文化的继承弘扬，有利于培养大学生的家国情怀和社会责任感。

（三）有利于提高大学生的人文素养

当下大学生正处于文化日益多元化，学习平台日益多样化，资讯信息日益网络化的时代，部分大学生的人文素养水平并没有得到提高。他们中的部分大学生存在理想信念模糊、心理素质较差、个人修养水平欠佳、社会交际能力较差等问题，而这些问题又是大学生思想政治教育必须面对和亟待解决的问题。提高大学生人文素养是弥补大学生思想政治教育空洞化的重要方法，在思想政治教育载体中加入人文知识和传统伦理文化，是提升大学生人文素养最有效的途径。例如，中华优秀传统文化在世界文明史上属于典型的伦理型文化，在对待他人和社会的态度上倡导"贵和持中"，团结和谐的理念，在对待人生态度的问题上倡导"内圣外王之道"②。同时，教学方式的选择也十分重要，多样化的教学方式能够帮助学生更好地运用中华优秀传统文化，并融入自身的日常生活，形成内在的文化修养，养成一种自觉的行为习惯。

要创新方式方法，使中华优秀传统文化的教育融合到大学生的生活中去，增强大学生的情感共鸣，在一定程度上使大学生学习、接受、认可中华优秀传统文化。同时，大学生的人文素质也尤为重要，这样就必须重视其内在品质。

（四）有利于推动高校思想政治教育改革创新

把中华优秀传统文化和大学生的思想品德教育紧密联系在一起，是大

---

① 《马克思恩格斯文集》第8卷，人民出版社，2009，第6页。
② 《庄子·天下》。

学生教育的一项重要工作。将其与高校思想政治工作相结合，对于深化政治工作的改革与创新，有着十分重要的现实意义。教学大纲同时也要更新纳入这些优秀的中华传统文化，立足于现实，充分发挥当地传统文化的优势，汲取其中的精华，编写具有鲜明特色的教材，这对当前的思想政治教材也将起到很大的促进作用。

将中华优秀传统文化引入课堂，可以为思想政治教育课程增加取之不尽、用之不竭的鲜活素材，可以有效激发学生的学习兴趣，可以将古代教学方法的可取之处与现代教育的理念结合，创新教学方式方法，提高教学质量，增强大学生学习热情，提高学生修身的实践能力，起到事半功倍的效果。

（五）有利于促进中华优秀传统文化繁荣兴盛

文化反映了一个国家和民族的精神。在文化的正面作用下，民族的繁荣和发展是必然的。把中华优秀传统文化和大学生思想政治工作有机地联系起来，对推动大学生思想政治工作的健康发展具有重要意义。

中华优秀传统文化不只是纸面的文字，更不是博物馆里供人欣赏的摆设，而是五千年来中华民族历代人民在鲜活的社会实践中积累下来的智慧结晶，具有强烈的实践性特点。引入思想政治教育课，可以使中华优秀传统文化在大学生的学习与实践中重新焕发生机，使得高校成为优秀传统文化的传承中枢，使大学生增强民族情感认同和民族自豪感，真正成为具有鲜明中国特色的中国人。

第二章 中华优秀传统文化的思想精髓和时代价值

第一节 中华优秀传统文化的内涵和特征

一 中华优秀传统文化的内涵

"传统文化"是一个由"传统"和"文化"构成的庞大概念。"传统"是指精神、制度、风俗等在人类社会生活中长期存在的生活形式，并在一定程度上影响了人类的社会行为。"文化"一词源于拉丁语，原意为劳作、培养、施教、促进、尊敬等。文化是社会与历史的产物，是一切物质与精神的综合。中国"文化"是一种"古已有之"的语言系统，"文"的原意是各种颜色交织的纹理，而"化"的原意是改变、生成、造化，两者分离。《周易·贲卦·象传》是"文"和"化"合用的最早记载。在此，"化成天下"和"人文"有着密切的关系，"以文教化"的观念已经非常明显。"文"和"化"是在西汉之后合并的。"文化"作为一种内涵丰富、外延较广的概念，已成为人们研究与讨论的话题。

"文化"是指人类与其他事物的根本差异，以及人类在自然中所特有的生存之道，它的范围很广，被称为"大文化"。狭义"文化"是指一种普遍存在的，具有一定意义、一定程度的"小文化"的精神文化。

中华文化是中国人在中华土地上形成的一种文化。这进一步延伸到了"传统"这个横贯发展的观念。"传"与"统"是"传统"的结合体。所谓"传"，是指时间的历时性、连续性，是指过去到现在还在发挥作用的事物，是"活"的，一代又一代地传下来的；横指"统"，包含两个层面：拓展和权威。

作为一种历史发展，"传统"代代相传，无处不在，我们平时的生活和社会的发展也一直被它影响。"传统"直观地表现为先秦诸子百家（尤其是儒家）提出的各种思想对中华民族的影响，这些思想为中华民族基本的思维方式、行为方式乃至情感态度的形成奠定了基础，深刻影响了中华民族此后两千多年的发展。"传统"作为一种生物和社会的传承，已经深入了中国人民的血液，渗透到了人们的思想、行为和精神生活的方方面面。

（一）中华优秀传统文化的含义

中华文化是中国在五千年历史长河发展过程中形成的一种具有民族特征的文化。具体而言，中华传统文化是中国领土上长期积累、世代传承的民族文化。在中国的发展过程中，中华传统文化对一切物质形式和心理状态都产生了巨大的影响。中华传统文化从纵向上主要是指我们传统社会的文化；从横向上，是中国传统社会中中华民族的总体生存模式和价值观体系，其内容涵盖了自然科学、人文等诸多方面。

作为中国人民的自豪和中华民族的共同奋斗成果，中华传统文化博大精深、历史悠久，中华传统文化与今天的中国共同经历了现代化进程，与今天的精神文明建设有着千丝万缕的联系。中华传统文化所包含的内容非常广泛，孔子的学术研究、汉字与汉语、中医文化、传统的琴棋书画、宗教与哲学、民间工艺、地方文化、中华武术、神话、戏曲、民俗、古玩、音乐，乃至名山大川都包含在其中。中华传统文化互相渗透、互相包含，对中国历史的发展产生了深远的影响。

中华优秀传统文化是中华文化的一个重要组成部分，它是中华传统文化的精髓所在，是国家精神的主要内容。这些优秀的文化对于促进中国人的思维发展有着重要的意义，同时对推动国家发展具有重要意义。"和而不同"[①]的包容、勤奋、顽强拼搏、坚忍不拔的人生态度，是中华优秀的传统文化，也是中华民族在长期的发展过程中，创造出的一种珍贵的精神财富。

本书认为，中华优秀传统文化主要是指中华传统文化在发展中所具有的积极发展因素，反映了我们国家的文化发展的中心，对于推动我们国家的文化迅速发展有着重要的影响。由此可见，优秀的传统文化与传统文化

---

① 《论语·子路》。

还大有不同。它是那些反映中国文化健康向上的传统文化；它能激励人民向前，在中国的历史和现代的文化建设中起到了激励国家自信的作用；它是国家的文化身份；具有一定的历史传承性和稳定性；中华文化至今仍保持着旺盛的生命力。因此，中华优秀的文化是中华文化的精华、精神和灵魂，是一种体现民族精神的优良文化，是一种具有悠久历史的、多姿多彩的文化。在文化交往方面，中华优秀的传统文化包含精神和物质两方面；从学派来看，既包括儒家的思想也涵盖道家、法家、墨家等各家学派的思想精华；从文化内涵来看，它包含优良的政治理念，以及以爱国主义为核心的民族精神，还有许多优良的品德。

（二）对中华优秀传统文化的现代解读

众所周知，中华优秀传统文化的历史源远流长，弘扬和发展是每个中华儿女的责任；在新时代我们更应如此，因为这不仅仅是文化建设的需要，在国家治理中也能发挥重要作用。对此，习近平总书记曾做过系统性论述，习近平强调："一个国家选择什么样的治理体系，是由这个国家的历史传承、文化传统、经济社会发展水平决定的，是由这个国家的人民决定的。我国今天的国家治理体系，是在我国历史传承、文化传统、经济社会发展的基础上长期发展、渐进改进、内生性演化的结果。"[1]

1. 中华优秀传统文化滋养着中国特色社会主义建设

有效衔接中国特色社会主义和中华优秀传统文化是每个中国人所肩负的任务。我们国家不仅有独特的国情；还有特殊的历史命运；形成了有别于其他国家的文化传统，为此我们才创造性地提出走中国特色的社会主义道路，否则就会失去民族的特性。为了开辟属于自己的道路，无数革命先烈前仆后继，经历艰难困苦，才走出一条光明大道，这条道路凝聚了中国共产党的心血，来之不易，我们要维护好、建设好，这是新时代的要求，也是促进中国发展的根本。

发扬和继承中华优秀传统文化就是要建设好中国特色社会主义，这项历史性的创造活动应当贯穿整个发展过程。马克思主义的普遍真理是我们建立中国特色社会主义的基础，在思想观念上具有协调一致性。在思想建

---

[1] 《习近平关于全面深化改革论述摘编》，中央文献出版社，2014，第21页。

设方面，中华优秀传统文化也与马克思主义实践学说有相同的地方，比如提倡的"力行"；其改造世界的说法又符合我们国家的"治国、平天下"理念；后来提出的唯物辩证法与中华传统文化中的理论"中庸"相契合；而共产主义学说和"大同"社会理想何其相像。以上马克思主义文化的表现特征，使中华民族接受其文化就顺理成章；同时也为后续的理论推行奠定了土壤，是中国化马克思主义的雏形，也为中国特色社会主义理论形成提供了文化保障。对于中国特色社会主义的形成，我们在肯定马克思主义作用的同时，也不能否认自身文化的价值，这是两方面共同促进的结果，具有鲜明的时代特征。因此，我们在实际推动中，一方面需要科学的理论作为行动的指南；另一方面还要利用传统文化提升自我。

2. 中华优秀传统文化是涵养社会主义核心价值观的重要源泉

"倡导富强、民主、文明、和谐，倡导自由、平等、公正、法治，倡导爱国、敬业、诚信、友善，积极培育和践行社会主义核心价值观。"[①] 国家与民族的建立，在某个时期根据其自身特征会形成一定的核心价值观，该观念不仅能够对全社会思想起到维系和主导作用；还能适应社会发展。不管是一个国家，还是一个民族，其形成的历史文化必然会包含核心价值观，并且还会结合这个国家以及民族的奋斗目标。

作为全民族和全社会共同推进的事业，社会主义事业的重要性毋庸置疑，该事业关系到民族的复兴，因此，必须建立核心的价值观念，促进认知的提升。习近平总书记指出："中华优秀传统文化是中华民族的精神命脉，是涵养社会主义核心价值观的重要源泉，也是我们在世界文化激荡中站稳脚跟的坚实根基。"[②] 在建设社会主义道路的征途中，有核心价值观的指导以及优秀传统文化为指引，才能在思想上、行动上保持一致，二者缺一不可。2014 年 5 月 4 日，习近平总书记在北京大学师生座谈会上的讲话中强调："中华优秀传统文化已经成为中华民族的基因，植根在中国人内心，潜移默化影响着中国人的思想方式和行为方式。今天，我们提倡和弘扬社会主义核心价值观，必须从中汲取丰富营养，否则就不会有生命力和

---

① 《十八大以来重要文献选编》（上），中央文献出版社，2014，第 578 页。
② 《习近平关于全面建成小康社会论述摘编》，中央文献出版社，2016，第 121 页。

影响力。"① 中华优秀传统文化能够为社会主义核心价值观提供资源，除了受自身丰富的特性影响外；其主要在中华民族的统一和团结中起到了维系作用，并能同民族的发展相适应，经受住了实践的检验。所以，社会主义核心价值观的践行离不开优秀传统文化的资源支持，相互依托，共同作用。尤其在践行的过程中，中华优秀传统文化中的很多思想都发挥了很强的指导作用，进一步丰富了价值观的内涵，集中体现在以下几个方面：民主思想、治国理念和发展道路；治国策略、爱国情怀以及社会理想；道德修为、处世之道以及职业操守。下面列举几种有代表性的思想文化内容："实干兴邦"② "己所不欲，勿施于人"③ "以和为贵"④ "和而不同"等。对于中华优秀文化的学习，我们每个人都要坚持，核心价值观念的弘扬和培育不仅关系到社会安定和正常运转；还和社会意识的整合有紧密关联；同时也能在治理体系中发挥作用。大量的事实说明，核心价值观念的构建具有强大的感召力，可以促进国家安定、社会和谐。以上论述有效证明了中华优秀传统文化的建设性作用，能够在思想上引导国家治理以及社会建设。

3. 中华优秀传统文化是中华传统美德的资源宝库

社会主义的思想道德建设在国家建设中起到了非常重要的作用，"国无德不兴，人无德不立。必须加强全社会的思想道德建设，激发人们形成善良的道德意愿、道德情感，培育正确的道德判断和道德责任，提高道德实践能力尤其是自觉践行能力，引导人们向往和追求讲道德、尊道德、守道德的生活，形成向上的力量、向善的力量。只要中华民族一代接着一代追求美好崇高的道德境界，我们的民族就永远充满希望"⑤。上述内容，一方面肯定了在民族振兴以及国家富强中弘扬中华传统美德的重要性；另一方面从个人的角度指出思想道德建设所发挥的作用。

道德承载着文化，从本质上具有精神文明的内涵。而中华传统美德也并未脱离中华传统文化的范畴，二者相互包容。习近平总书记指出："中

---

① 习近平：《青年要自觉践行社会主义核心价值观——在北京大学师生座谈会上的讲话》，人民出版社，2014，第7页。

② 《日知录》。

③ 《论语·卫灵公》。

④ 《论语·学而》。

⑤ 《习近平关于社会主义文化建设论述摘编》，中央文献出版社，2017，第137页。

华文化源远流长，积淀着中华民族最深层的精神追求，代表着中华民族独特的精神标识，为中华民族生生不息、发展壮大提供了丰厚滋养。中华传统美德是中华文化精髓，蕴含着丰富的思想道德资源。"① 由此可见，在当今中国道德建设中，中华传统美德起到了良好的铺垫作用，形成了强有力的支撑。

二　中华优秀传统文化的特征

（一）中华优秀传统文化的基本特征

我们的民族文化经历了无数次的风雨才有了今天丰硕的成果，文化积淀异常深厚。中华优秀传统文化产生于民族形成过程中，又反作用于民族的形成和发展的过程，显示出与世界上其他民族文化所不同的一些基本特征。在对中华优秀传统文化基本特征的研究中，学者陆通在《中华优秀传统文化与文化自信》中将其凝练为重"和"、重"人"与重"德"，有较高参考价值。

1. 重"和"的中华优秀传统文化

孔子，作为儒学创始人，其声名远播，其理论多以"礼"为主，以和为贵，斯为美，把"和"视为儒家文化所追求的最宝贵的美的理想：道家的庄子则把与人和，用人乐来定义，以天乐作为对天和的总结；其追求的最高境界就是道家文化中的和。

从字面上理解，可以用和谐对"和"进行阐述。在早期的文化中：以和作为处事原则，要求达到和谐的状态；该状态不仅指人与人；还包括人与自然的关系。在作为中华传统文化载体的文化典籍、名人言论，乃至一些器与物的造型设计上，我们都不难看出"和"来。

《周易》中，就体现出这种注重"和"、追求"和"的宇宙观。《周易》八卦中的乾、坤、震、巽、坎、离、艮、兑，分别代表天、地、雷、风、水、火、山、泽，以包罗世界万事万物。八卦的每一卦自相重叠，又推演出八八六十四卦，用以说明宇宙间纷繁复杂、运动多变的自然现象及其相互间的关系。并且八卦又是以阴爻与阳爻互相重叠而成的，以此来表示万

---

① 《习近平谈治国理政》，外文出版社，2014，第164页。

物的对立与统一，"和"与"失和"的因果关系。以《周易》的观点来看万物之所以能生成变化，是因为阴阳的相互组合即相互作用的结果，如果这种相互作用的结果趋于平衡，那么自然界、人类社会或相互作用的对象就能获得和谐发展的根本条件；但如果这种阴阳相互作用的结果失和，则必然招致灾祸或失败。这自然要求人们凡事当关注一个"和"字。而在八卦结构的设计上，也保持了阴阳总体上的平衡。八个卦中的阴爻与阳爻总数相等，各12个：八卦两两相对，乾坤、震艮、离坎、巽兑四对，相反相成；八卦在空间位置的摆列上，震（东）、巽（东南）、离（南）、坤（西南）、兑（西）、乾（西北）、坎（北）、艮（东北）占定八个方位，形成一个周而复始、能自身无限循环的和谐的圆圈，从有限中生出"和"的无限来。虽然在认知宇宙的过程中《周易》采取了比较神秘的方式；不过书中还表达了一种和谐统一的观念，即达到天人合一的境界。此境界中的人与自然是一个统一的生命体，相互包容而存在于世；认为事物内部相互对立的双方，必须贯通、联结、趋和、平衡，事物才能顺利发展；认为对立面的和谐，表现于不断的运动、变化和更新的过程之中，也就是世间万物的变化需要一个演化的过程，在和谐的状态下不断交替，而贯穿一个"和"，突出一个"和"的宇宙观，也极大地影响了传统文化，并成为其精神内核。

在追求人生的和谐方面，古代的思想家，一是要实现个体生命与宇宙生命的和谐，即人生应当追求的是与自然界高度和谐统一的精神境界，而不是与躯体同朽的功名利禄；二是强调以中庸为准则的处世哲学，即人生在处理各种问题与矛盾的过程中，要避免"过"或"不及"这样两种失"和"的偏向，而保持一种恰当的、中庸的或者说"和"的态度来待人处事，以保持各种矛盾与关系的和谐统一。当然这种中庸也好、"和"也罢，正如孔子所要求的"君子和而不同"。"和"是和谐，"同"则是苟同，二者是完全不同的。"和"贯穿于待人处事中，是要积极地去保持矛盾的和谐统一，而苟同则不过是一种消极地维持矛盾的办法而已。正是中国古代这种重"和"的人生观，使中华民族形成了注重个人品德修养，待人处事讲礼仪、讲谦恭、讲宽厚的品格，使民族具有了崇尚和平的精神；并且在我们的传统文化中那些能实现政通人和、开太平盛世的贤君明主也特别受推崇，因为他们在治理社会中实现了"和"的要求，创造了社会的和谐统一。此外，在器物的制造、建筑物的设计与建造、中国画、中国园林、中医药学等方面，追求和谐、重视和谐的例子更是不胜枚举。

2. 重"人"的中华优秀传统文化

中华优秀传统文化具有看重人和注重对人的研究的特征。周朝时已有了"天视自我民视，天听自我民听"① 之说。到了春秋时代，人们已经能做到把自然界看成一种与人相通、为人而存在的环境了。"天""地""人"被并称为"三灵"，同时还强调人是"万物之灵"，是天地的"心"，把人看成宇宙的中心和主宰。依照孔子的理论，可以用"仁者人也"来阐述。那么所谓的仁，也就是人。因此，有人称孔子的学说就是关于人的学说。正是由于先秦时代开始形成的这样一种注重"人"、看重"人"的传统文化特征，并在以后的历代不断完善和强化，所以能使中华民族执着追求现实中安排人生而拒绝把自己全部交给上帝或天国，如果全部依靠宗教，肯定会给人民的认知带来障碍，不利于社会的发展以及民族的进步，后果可想而知。

中华优秀传统文化重"人"的特征还表现在重家庭上，把家庭视为人一生活动的一个中心，把家庭和谐融洽的关系扩大而推广至社会国家。之所以这样，客观上是因为中国古代建立在封建小农经济与宗法制度基础上的家庭，不仅是一个生产单位、教育单位、宗教活动单位，还是一个法律单位，即在家长或父母带领下，家庭成员一起劳作以求衣食之源；子女的教育主要从家庭内启蒙；祭祀祖宗，以求避祸降福也主要以家庭为单位进行活动，遇纠纷也由家长或族长来裁决是非。家庭、宗族成为一个小社会，是人安身立命的基础。于是家国难分、家国一体。要治国平天下，先得修身齐家：君被称为君父，臣自称臣子，地方官成了父母官，治下百姓自认子民，老师被尊为师，"天下一家"② "四海之内皆兄弟"③ 成了人们所追求的理想的人际关系，"老吾老以及人之老，幼吾幼以及人之幼"，所形成的内在关联都以家庭伦理作为基础。几千年中国封建社会之所以能稳固与发展，其原因与传统家庭的地位、人们重视家庭的观念及传统文化对这种家庭关系、观念的推崇是有极大关系的。而传统文化对家庭及其稳固的重视，

---

① 《尚书·泰誓中》。

② 《礼记·礼运》。

③ 《论语·颜渊》。

乃是与它致力于社会、人生的安定与和谐相一致的，仍然是一种重"人"，或者可称之为对人本主义文化的反映与体现。

3. 重"德"的中华优秀传统文化

"德"在中华优秀传统文化中也至关重要。对"德"的重视不仅体现在个人上，要求品行端正，践行道德利益；还从整个文化以及社会出发，用道德作为社会价值评判的标准。

传统文化，特别是儒家文化，推崇看轻物质享受而追求道德修养与精神境界升华的行为虽强调人具有社会性，因而人的道德还应表现为在处理人际关系中能遵礼守义，自觉与他人、与社会保持和谐与安定；更进一步的要求则是把个人的品德修养与实现理想社会的目标联系起来，使个人的品德修养成为一种首要的条件，"修身、齐家"都不仅只是为了独善其身、独善其家，而是把治国、平天下作为其最终的目标，从而实现二者的有效结合，意义非同一般。从而将造就道德人格的意义上升到了为最终实现建功立业的出发点与先决条件的高度，使这种道德行为具有了宏大的气魄。孔子说："三军可夺帅也，匹夫不可夺志也"，连普通人都有志气，受不得侮辱，其德已根深蒂固。曾子曾说："士不可以不弘毅，任重而道远"，责任使之然。孟子认为，有远大抱负的人、担当大任的人，更应当刻苦磨炼自己的道德意志，提高自己的道德修养，否则就会经受不住考验，一切都难以实现。因为"天将降大任于是人也，必先苦其心志，劳其筋骨，饿其体肤，空乏其身，行拂乱其所为，所以动心忍性，曾（增）益其所不能"①，道德境界在传统文化中的最高表现为"贫贱不能移，富贵不能淫，威武不能屈"，一直到仁义不能丢，道义不可忘。这无论是对一般人、有志向的人，或者是准备担当大任的君子，传统文化都提出了一个怎样注重并搞好个人品德修养的问题，而且将此问题摆到了一个极为重要的位置。

中华优秀传统文化还以道德作为自己的基础，让道德观念渗透于自己的各个方面，并以道德观念为标准判断当褒还是应贬，判断世事的是与非。例如，对好的政治称为"德政"；好的军队誉为"仁义之师"；文学讲究"文以载道"；做人要求重自我约束，将心比心地与人交往，"己欲立而立

① 《孟子·告子下》。

人，己欲达而达人"①，"己所不欲，勿施于人"，等等。这样，传统文化形成了以伦理为本位，辐射整个文化各个层次、各个领域的德的体系，使之对社会的引导力、凝聚力也大大增加。

尽管传统文化强调重视的"德"，有其历史、时代及阶级的局限性，但这一特征的积极意义仍然是显而易见的。它从人与社会、个体与群体的关系中揭示出一个质朴的道理，也就是社会责任感是时代赋予每一个人的，我们应当正确看待和处理社会群体与个人利益的关系；要明确个人利益服从社会群体利益的道理，民族以及国家的利益在前，个人利益在后，后者应当在前者中完善和超越，在此状态下才能实现和谐统一。此外，"德"在传统文化中有举足轻重的地位，没有德的支撑，就无法为社会的和谐稳定提供保障，也不能在稳固中华民族的统一中发挥其影响力。因此，加强"德"的建设，有利于传统文化的建设。

（二）中华优秀传统文化的主要特征

在多元化的中国传统文化中，儒家的伦理道德处于中心地位，从本质上讲是典型的伦理政治型文化，其目的是进行文化教育，以实现真善美以及善和义的协调统一，为文化发展注入活力。如果基于发展范畴分析中国文化和西方文化，则可以用"德性文化""智性文化"来做区分和解释。主要是一种追求德智统一的具备自身的民族文化发展特色的优秀的文化发展价值取向，中国传统文化的特点是政治色彩浓厚，除了具备色彩浓厚的政治伦理特点以外，还具有以下主要特征。

1. 具有顽强的生命力和发展创新性

中国是文明起源最早的国家之一，已经经历了较为悠久的历史发展过程。很多文明在经历了岁月的洗礼后失去了本色，而保持自身特色的中华文化依然散发着魅力。它与其他国家的文化发展都不同，具备自身独有的发展特征。中华文化可以说是经久不衰，在历史的发展长河之中薪火相传，这些都说明了中华文化所具有的独特的文化发展优势，充分保持自身文化发展的雄厚底蕴，这就是中华文化发展的另一特征。

中华优秀传统文化经历了较长的文化发展而得到了传承，经历较长的

---

① 《论语·雍也》。

文化发展历程，在不断学习前人的优秀的文化发展的同时也要适应当代社会发展的总体趋势，及时进行改革。同时，在发展中积极地与其他文化进行融合与发展，丰富其文化发展的基本内涵，在发展的过程中进行有效的融合，在原有的基础上进行完善与发展。

2. 具有较强的融合性和凝聚性

我国的传统文化的发展形式丰富多彩。中国的传统文化发展充分地融合了我国道家、儒家等多种学派的核心思想，这就使我国文化的发展呈现出多种不同的文化发展特色。

地域与环境在不同的地区表现不同，文化也会因上述的差异而丰富多彩。翻阅历史可知，封建政权的集权出现在秦朝，之后不同民族的融合加快了步伐，实现了文化上的互补。具备各个民族文化发展的特色，主要是以我国的中原文化作为核心的文化借鉴因素，形成了各具特色的文化发展道路。

中国的传统文化在面对其他国家的文化发展的同时能够保持一个开放的发展心态，它有着海纳百川的包容性和强大的同化力。例如，大量涌入的西方自然科学就在中国落地生根，并有了长足进步；此外还有西方绘画、建筑以及舞蹈等，并没有与现存的文化相排斥，反而进行了有效结合、融合，以及包容了其他文化的中华传统文化虽然有了新的内涵，但是并没有分散，因为中华民族的凝聚力还在，精神始终如一，尤其表现在"爱国主义""自强不息""天下为公"等精神上。独具特色的中国文化有着宽广的胸怀，实现了和其他文明的有效融合，在保持自身凝聚力的同时，促进了文化创新，为其发展提供了源源不断的动能，进一步提升了在世界上的影响力。

3. 既具有民族性，又具有世界性

各个国家都具有各自的文化发展特色，各个国家不同的文化发展体现了各个民族发展的主体方向与时代特征的选择，民族文化的发展具备很大的发展潜力。中国传统文化的发展代表着中国悠久的文化发展特点，具备本民族文化发展的独特性。民族的优秀文化就是全球人民的成果。事实证明就是这样，各国的文化发展是不断变化的，在文化的融合之中相互借鉴，形成具备各国发展特色的文化发展特性。伴随着时间的推移，各个民族的文化在进行交流的同时，形成了统一发展的全球文化。各民族在文化交流的同时要在共性中求发展，保持民族发展的优势。全球本身就是一个多元文化发展的有机统一体，没有实际的多样性发展的存在，世界文化的发展就会失去存在的意义。我国在保持积极的、开放的学习态度，与其他各具特色的文化进行及时的交流与合作，实现优势互补，不断吸收和借鉴其他民族和国家的文化精髓，为我所用。并且，中华民族的文化精髓也在双向的国际文化交流中不断地传播到世界各地。中国很多的非物质文化遗产在世界各地得到广泛的传播与发展，得到全世界人民的喜爱。

第二节　中华优秀传统文化的思想精髓

不同民族或地域有着自身独特的风俗文化，在中华传统文化的发展过程中，不同民族的文化不断融合发展，中华文化由此形成。对于我国文化发展来讲，无论是精神追求，还是传统文化的精华，都是传统文化发展方向的启明星；其思想精髓包含坚决统一，反对分裂的家国情怀；天下大同、人人为公的社会理想；忧国忧民、扶弱抑强的仁爱之心；专心致志、见贤思齐的人格魅力；奋发向上、不断创新的上进精神等。文化发展一直是党所关注的，并针对这一话题召开了会议，会议中明确提出，民族发展的根源所在便是文化发展。笔者考虑上述因素，以不同层面作为依据，从而梳理中华优秀传统文化的思想精髓。

一　优秀的政治思想文化

在中国传统文化受到的影响中，尤为关键的便是政治思想文化，在不同的层面均有体现，包括以下几个方面。

（一）儒家的"仁政""德治"

"仁者爱人"始终是孔子所强调的。对"仁"进行分析发现，其主要指的是对待他人时能够保持友爱与尊重。就社会的不良现象而言，"仁爱"思想能够起到显著正向影响，因此，孔子大面积进行推广，希望在面对安邦治国问题时，通过"仁爱"思想能够解决，可谓是"为政以德，譬如北辰，居其所，而众星共之。"[①] 通过对施政进行分析，孟子提出了自己的观点，并认为治理天下的关键所在无非两点，一是"仁"，二是"不仁"，由此可

[①]　《论语·为政》。

见，"仁政"往往是得天下的重要前提与基础。对"仁政"进行分析可知，主要指的是国家的统治者用"仁爱"来面对人民，剥削压迫人民的情况是违背"仁爱"原则的；不仅如此，官吏也要将"民"牢记心中，工作始终围绕"民"而进行。由此可见，统治者通过"为政以德"能够实现人民的教化目标，人民从内心深处拜服统治者的"仁政"，大治与"以德治国"的目标得以实现。

（二）道家的"无为而治"

在政治文化思想方面，将儒家与道家进行对比，二者存在一定的差异，后者的政治文化思想主要集中于"无为而治"。经过研究与分析可知，道家主要强调的是与自然相一致，此种方法主要是因势利导。由此可见，统治者仍需要做出相应的选择。道家的创始人老子追求的理想社会是"小国寡民"，"小国寡民，使有什伯之器而不用；使民重死而不远徙。虽有舟舆，无所乘之；虽有甲兵，无所陈之；使民复结绳而用之。甘其食，美其服，安其居，乐其俗。邻国相望，鸡犬之声相闻，民至老死，不相往来。"[①] 为实现其理想政治，老子主张"愚民"。"古之善为道者，非以明民，将以愚之。民之难治，以其智多。故以智治国，国之贼；不以智治国，国之福。"[②]

（三）墨家的"相爱相利"和"尚贤"

关于理想政治方面，墨家提出主要是对天下人实施"兼爱"，那么怎么实施呢？此时尤为关键的便是"利"。墨子经过研究提出，仁人需要"兴天下之利，除天下之害"[③]，从而帮助百姓安居乐业，政治安邦定国。贤德的人是理想政治实现过程中的关键所在，因此，"农与工肆之人"才是国家政权所关注的。

（四）法家的"法治"

在理想政治方面，法家相对不同，并提出在社会中必须突出"法治"，

---

① 《道德经》第八十章。
② 《道德经》第六十五章。
③ 《墨子·12章尚同》（中）。

国家能够有序进行，必须依靠法令刑律来实现。因此，需要将其进一步强化。韩非对此提出了自己的观点，中央集权政治主要突出的是专制主义，而在这个过程中，尤为关键的有三个层面，分别是"法""术""势"。其中，前两者分别指的是法令与国君统领臣子的方法，最后的"势"主要指的是国君的权威，是处于所有人之上的。通过上述三者将统治目标实现。

（五）阴阳家的"五德终始"

阴阳家提出，物质世界的构成要素有很多，尤为关键的便是金、木、水、火、土。由此可见，整个世界的构成与这些要素息息相关。就某些层面来讲，物质世界并不是一成不变的，而是处于不断运行与变化的，在这个过程中，尤为关键的便是"五行相胜"。邹衍是著名的阴阳家，对此种思想进行分析后，逐步向社会发展变化过程中引入，历史的发展通过上述思想得以论证。上述内容互为克制关系，与此同时，具有一定的规律性，并且呈现着往复循环的态势。

二　宝贵的民族精神

随着时代的发展，中华民族得以飞速前进，民族精神在这个过程中形成，中华儿女在奋斗的路上，此种民族精神将是重要的推动力。而这些宝贵的民族精神就是我国文化发展的核心因素。民族精神是民族文化得以快速发展的基本核心和重要精神动力，是我国文化发展的核心动力所在，是我国文化综合竞争力的主要表现形式之一。

不同学者对于民族精神进行了研究与分析，提出的观点存在一定差异。对《周易大传》进行分析能够得知，其中关于民族精神进行了论述，即"天行健，君子以自强不息；地势坤，君子以厚德载物"。还有一些学者经过研究提出，融合、自由尤为关键，尤其是在文化精神层面中。以自然经济为依据，一些学者经过分析提出，在宗法等级伦理纲常中，家族和血缘关系与之息息相关，并且中国古代的文化、政治、经济、社会等均有涉及，是其中重要的核心与本质。针对中国民族精神，一些学者经过研究提出，主要与以下几个层面有关。

（一）理性精神

理性精神主要表现为无神论思想，认可社会的发展与自然有着紧密的联系。总之，反对有神论，强调人与自然发展的关系，主要是为了社会的和谐发展，这就是中华文化发展的基本内容。

（二）自由精神

自由精神主要表现为在面对统治阶级的剥削和压迫，特别是遭遇外来民族入侵的时候，中国人民勇于反抗、敢于奋斗。为争取和平与自由，千百年来中国人民浴血奋战，谱写了一曲曲不朽的壮丽史诗。

（三）求实精神

儒家主要强调的是"知之为知之，不知为不知"；道家与法家分别强调的是"知人""自知""析万物之理""前识""参验"。上述内容所表现的是求实精神。

（四）应变精神

还有的学者将我国的传统文化精神归结为人文精神，主要表现为将人与自然、社会的发展紧密结合起来；不追求纯天然的知识体系，并将其作为发展的核心；反对功利主义的价值取向，重点研究人文伦理。中国传统文化发展的人文精神给我国的文化发展带来了更多的文化发展动力，是中外文化沟通的主要形式之一，但是也带来了很多发展的阻力，如具备一定文化隔阂的因素存在。

针对中华优秀传统文化的发展，笔者经过研究发现，民族精神在一个层面有所体现，即爱国主义。由此可见，重要的核心便是爱国主义，无论是热爱祖国的文化与大好河山，还是同胞们，都是其中最突出的表现。就是因为对自身国家存在强烈的归属感与深厚的爱国情怀，中华文化更加具备发展的独特优势，进而促进我国的文化在创新之中获得更多的发展机会。

中华民族经历了许多的磨难，从而发展至如今的鼎盛模样，民族精神可谓功不可没。当面对国家危机时，中国人纷纷冲上前去，为了国家、为了人民抛头颅洒热血，这种民族凝聚力令世人赞叹。目前，社会主义现代化不断发展，民族精神在其中更是起着不可忽视的作用，推进着民族的进一步发展。从"路漫漫其修远兮，吾将上下而求索"① 的屈原，到"杖汉节牧羊"的苏武；从"精忠报国"的岳飞，到"天下兴亡，匹夫有责"的顾炎武；从"苟利国家生死以，岂因祸福避趋之"的林则徐，到"我自横刀向天笑，去留肝胆两昆仑"的谭嗣同等。文人墨客用着他们自己的方式书写着对于祖国的热爱。

在爱国主义教育的开展过程中，传统文化作为重要的精神与物质力量，为我们提供了无尽的财富。"路漫漫其修远兮，吾将上下而求索"与"精忠报国"，得以体现屈原与岳飞的爱国情怀，"杖汉节牧羊"与"天下兴亡，匹夫有责"，得以体现苏武与顾炎武的忧国忧民。在爱国主义中，无数仁人志士都表现出了自己对国家的热爱，并为了国家奉献自己的全部热情。

三　优良的道德品质

中华民族在长期的历史发展中，还形成了一系列优秀的道德品质，同时注重个人修养和道德品质的提升也成为我国优秀传统文化的一项重要内容。尽管这些道德品质形成于过去，但其在今天对促进个人的全面、健康发展仍然具有重要意义。这些道德品质主要体现为以下几个方面。

一是自强不息的奋斗精神。孔子强调生活的意义，并且追求人的自强不息精神。中国的文化发展自古就有反抗精神，追求自身发展的创造精神。

二是知行合一。在我国的儒家文化发展之中，追求仁政成为其核心思想，"力行近于仁"② 是其中尤为关注的，认识论思想得以体现，这种思想与实践品格的发展具备潜在的统一性，体现了实践是获取认识的来源。同时，要实现现代化就必须积极借鉴其他国家优秀的文化发展，在立足本国实践发展的基础之上进行文化的学习。

三是强调人的精神文化的发展。我国古代著名思想家孟子强调人格的重要性，认为人的人格不能随意践踏，追求人格的独立发展，对现代人格发展整体的塑造，是一种很重要的思想体现。

四是追求真理，敢于献身自我。古人对真理的追求，能够做到持之以

---

① 《离骚》。
② 《礼记·中庸》。

恒，永不言弃。这就是对真理无限的追求，是现代社会发展的内在动力。

五是注重人与人之间的团结互助以及伦理道德规范等。我国古代传统文化中非常注重君臣、长幼、夫妻、师生等人伦关系，尽管这些伦理道德规范是为了维护封建等级制度，有些内容已经不适应我国当前社会的发展，对于社会和谐发展方面，传统美德起到的作用不容忽视。例如，强调"百善孝为先""老吾老以及人之老，幼吾幼以及人之幼"、尊师重道、尽职尽责等品德，其实质也是当前我们所倡导的家庭道德、职业道德、社会道德、个人美德等的具体体现，这些对提升中华民族整体的道德素质具有重要意义。

第三节　中华优秀传统文化的当代价值与传承

中华优秀传统文化是中华民族的精神命脉，是涵养社会主义核心价值观的重要源泉，也是我们在世界文化激荡中站稳脚跟的坚实根基[①]。中华民族伟大复兴是每个共产党人所迫切追求的，在这个过程中，中华优秀传统文化产生的作用得到了大家的重视。由此可见，在中华优秀传统文化中，需要针对其价值进行深入挖掘，传统文化的魅力得以充分展现，在中国特色社会主义建设工作逐步实施的过程中，上述内容尤为关键。刘晶等人撰文对相关内容进行集中阐述[②]，本章节重点予以参考。

一　中华优秀传统文化的价值阐述

就目前学术界的情况来讲，中华优秀传统文化是大家关注的重要内容，尤其是其中的基本价值问题。在中华民族中，重要的根基便是优秀传统文化，并且在国家政治、社会、经济等层面均有涉及，并且是马克思主义中国化的重要推动力量。将马克思主义和中华优秀传统文化有机结合，不断汲取其中的养分，有利于坚定文化自信。

---

① 习近平：《在文艺工作座谈会上的讲话》，人民出版社，2015，第 25 页。
② 刘晶：《中华优秀传统文化的时代价值与弘扬路径》，《山西高等学校社会科学学报》2021 年第 6 期。

（一）中华优秀传统文化是中华文明的智慧结晶和精华，是中华民族的根和魂

对于人们历史的创造，马克思主义提出这个过程并不是依据人们的意愿而进行的，在创造历史的过程中，人们对于条件的选择并不具备特选性，因此，在创造阶段，条件具备一定的既定性与继承性。作为中华文明道德规范、文化思想和精神观念的总和，中华优秀传统文化积淀着中华民族最深沉的精神追求，代表着中华民族独特的精神标识，中华优秀传统文化经历了数千年的历史演进，在历史、现实与未来的接力进程中不断前行，是中华民族生生不息、发展壮大的丰厚滋养。

对中华民族进行分析能够得知，传统文化起到了不可忽视的作用，由此可见，进一步发展、继承优秀文化至关重要，这是价值标识与精神追求的重要体现，这是独属于我们中华民族的灵魂印记。对中华优秀传统文化进行分析不难看出，其中代代传承着刚健有为、自强不息的奋斗精神，以人为本、公而忘私的民本思想，甘于奉献的爱国主义精神，求真务实、开拓创新的革新精神，为维护社会利益、人民利益而不惜牺牲自己利益的奉献精神，等等。除此之外，中华优秀传统文化的鲜明特质还包括包容性、修复性和创新性，这些是数千年中华文明绵延发展，应对各种挑战、将多民族凝聚成为一个牢不可破的中华民族共同体的关键所在。

在中国发展的阶段中，中华优秀传统文化起到了显著的正向作用，这需要得到中国共产党人的重视，我们相信在中国共产党人的发扬与继承下，中华优秀传统文化能够绽放出更加夺目的光彩。

（二）中华优秀传统文化是文化自信的重要根基

党的十九大报告指出："中国特色社会主义文化，源自于中华民族五千多年文明历史所孕育的中华优秀传统文化，熔铸于党领导人民在革命、建设、改革中创造的革命文化和社会主义先进文化。"[①] 中国特色社会主义文化积淀着中华民族最深沉的精神追求，其中，中华优秀传统文化无疑具有

---

① 习近平：《决胜全面建成小康社会　夺取新时代中国特色社会主义伟大胜利——在中国共产党第十九次全国代表大会上的报告》，人民出版社，2017，第 41 页。

本源性地位。

习近平总书记在庆祝中国共产党成立 100 周年大会上的重要讲话中指出："坚持把马克思主义基本原理同中国具体实际相结合、同中华优秀传统文化相结合。"①"两个结合"的重要论断，丰富了马克思主义中国化的科学内涵，进一步彰显了中国共产党高度的文化自觉和坚定的文化自信。文化自信是更为基础、广泛和深厚的自信，是一个国家、一个民族以及一个政党对自身文化价值的充分肯定和躬身践行，是中华民族独特的巨大优势。没有高度的文化自信，没有文化的繁荣兴盛，就没有中华民族伟大复兴。

中华优秀传统文化是我们最深厚的文化软实力，也是中国特色社会主义植根的文化沃土。要推动中华优秀传统文化的创造性转化，取其精华、吸收融合、推陈出新。

在兴邦、立世过程中，文化产生着重要的影响，无论是爱国情怀，还是人格修养，都能够体现传统文化；无论是社会理想，还是理论哲学，都得到了大家的重视。除此之外，对"己所不欲，勿施于人"进行分析可知，能够将道德规范与崇高理想展现。习近平总书记多次强调："中国共产党、中华人民共和国、中华民族是最有理由自信的。"②

（三）传统文化助推新时代马克思主义中国化进程

习近平总书记在党的二十大报告中指出："只有把马克思主义基本原理同中国具体实际相结合、同中华优秀传统文化相结合，坚持运用辩证唯物主义和历史唯物主义，才能正确回答时代和实践提出的重大问题，才能始终保持马克思主义的蓬勃生机和旺盛活力。"③中华优秀传统文化逐步融合马克思主义是中国共产党所关注的，并在这个过程中不断汲取其中的养分，从而将建设中国特色社会主义的目标实现。

中华民族 5000 余年的灿烂文化，为马克思主义在中国发芽、开花、结果提供了肥沃的土壤。在内容上，辩证思维是老子分析问题过程中所强调

---

① 习近平：《在庆祝中国共产党成立 100 周年大会上的讲话》，2021，人民出版社，第 13 页。
② 《习近平谈治国理政》第 2 卷，外文出版社，2017，第 36 页。
③ 习近平：《高举中国特色社会主义伟大旗帜 为全面建设社会主义现代化国家而团结奋斗——在中国共产党第二十次全国代表大会上的报告》，人民出版社，2022，第 17 页。

的，尤其是"反者道之动"①；儒家"躬行"思想与马克思主义的实践观点相契合；墨子的"三表法"隐含着对真理标准问题的朴素观点；大同社会理想和共产主义之间具有某种相通之处。

在特点上，以儒家为核心、儒释道相结合的中华优秀传统文化具有较强的包容性，能够吸收和融合外来思想；马克思主义具有一定的科学性，即便是面对不同的民族文化，此种理论仍然能够应用。由此可见，其适用性相对较强，在传播与发展马克思主义的过程中，中华优秀传统文化是重要的基础；逐步结合传统文化与马克思主义，无论是中国特色，还是传统文化的创造，都得以体现，此种创新性方法相对科学、合理。

在应用上，中华优秀传统文化重视经世致用，古代学者能够及时调整思想和理论使其符合社会历史发展变化；马克思主义对于无产阶级工人运动起到了重要的指导作用，无论是实践性，还是指导能力，马克思主义都相对较强。依据中华优秀传统文化的特点来看，马克思主义能够与之契合，由此不难看出，这是实现马克思主义中国化过程中不可忽视的因素。

（四）中华优秀传统文化为中国特色社会主义建设提供文化沃土

中国特色社会主义道路是中国人民的历史选择，是实现中国梦的必由之路。中国特色社会主义建设道路来之不易，是党和人民百年来奋斗、创造、积累的根本成就。中华优秀传统文化是中华文明的智慧结晶和精华所在，它铸就了当前我们建设社会主义文化强国的文化沃土和精神底气。

中华优秀传统文化绵延不断、博大精深，深深根植于中国人的内心，影响着中国人的思想和行为。中华文化中有勤俭节约、艰苦奋斗的民族传统美德，有以人为本、民贵君轻的治国之道，有先天下之忧而忧、后天下之乐而乐的为民情怀。中华民族五千年来积淀下来的大道之行、天下为公、崇仁爱、重民本、讲辩证、守诚信、尚和合、求大同等具有时代价值和世界意义，这些历史智慧在国家治理方面为我们提供了宝贵经验。

新时代中国特色社会主义建设，要对中国传统文化进行合理的批判与继承，取其精华、去其糟粕、古为今用，在由中华文明滋养起来的中国特

---

① 《道德经》第四十章。

色社会主义建设中，要展现中华优秀传统文化的智慧，发挥中华优秀传统文化的力量，让优秀的传统文化得到发扬。

二 中华优秀传统文化的弘扬路径

中华优秀传统文化是中华民族的精神基因，是我们坚定文化自信的根基。文化在不断碰撞和交融过程中呈现出多元化特点，学者们要加强对中华优秀传统文化的挖掘和阐发，丰富中华优秀传统文化的内涵，并发扬光大。此过程要把马克思主义作为指导思想；兼顾学生和老师队伍的层级差异，分类教育、综合建设；强化组织领导、建立保障体系。使中华民族最基本的文化基因与当代文化相适应、与现代社会相协调，在继承转化创新中将中华优秀传统文化的文化精神、当代价值弘扬起来。

（一）坚持以马克思主义为指导，弘扬中华优秀传统文化

党的十九大报告指出："发展中国特色社会主义文化，就是以马克思主义为指导，坚守中华文化立场，立足当代中国现实，结合当今时代条件，发展面向现代化、面向世界、面向未来的，民族的科学的大众的社会主义文化，推动社会主义精神文明和物质文明协调发展。"[①] 马克思主义创造性地揭示了人类社会发展规律，是科学的世界观和方法论，是人们认识世界、把握规律、追求真理、改造世界的强大思想武器。马克思主义是党和国家的指导思想，也是弘扬中华优秀传统文化的根本指南。面对表现形式各异的中华传统文化，需有一个客观鉴别过程，绝不能无原则全盘接受，要批判地传承。

马克思主义基本原理必须同中国具体实际紧密结合起来，应该以科学态度对待民族传统文化。传统文化中必然会有一些与现实不相适宜之处，所以必须以马克思主义的观点和方法来借鉴和使用中华优秀传统文化。继承中华优秀传统文化并非简单地延续传统，应结合时代需要和现实需要，坚持古为今用、以古鉴今、推陈出新。要准确把握中华优秀传统文化继承与改造之间的关系，既要固守根本，又要不断弘扬。马克思主义为中华优

---

① 习近平：《决胜全面建成小康社会　夺取新时代中国特色社会主义伟大胜利——在中国共产党第十九次全国代表大会上的报告》，人民出版社，2017，第41页。

秀传统文化实现现代化转变提供理论和方法指导，推动中华优秀传统文化的创造性转化和创新性发展。

（二）加强面向全体教师的中华优秀传统文化教育培训，全面提升师资队伍水平

教师是传统文化教育的关键，中华优秀传统文化教育必须贯穿国民教育始终，融入教育各环节，全面提高师资队伍水平是整体上强化中华优秀传统文化教育的必由之路。

其一，加强师者个体综合素质建设，重师风培育、树良好形象。中华传统文化蕴含核心理念、人文精神、道德规范等主题内容，教育的目的不在于识记或技能，而在于立德树人、铸魂育人。2019 年岁尾之际，教育部等七部门在《关于加强和改进新时代师德师风建设的意见》中就师德师风长效机制的创建指明了发展方向和建设路径。2021 年 1 月颁布的《关于全面深化新时代教师队伍建设改革的意见》把师德师风提升至首要标准地位，从招聘这一准入关口严把教师质量关。另外，把学习中华优秀传统文化作为提高师德的必要途径。为师之法体现在优秀传统文化中，儒家文化更是将其表现得淋漓尽致。孔子在日常教学中不断把惠、恭、信、宽、敏等思想渗透给学生。并强调"能行五者于天下，为仁矣。"① 这既是君子之道，更是孔子对师德的诠释。

其二，分层展开针对全体教师、中华优秀传统文化教育相关课程教师和骨干教师的培训，要加强面向教师队伍的中华优秀传统文化教育培训。中华优秀传统文化教育培训不仅要强调课程设置的合理化、教学方法的灵活性，还要突出教学理念的先进性和环境建设的创造性，为教师搭建系统深入了解中华优秀传统文化的学习平台，精准把握中华优秀传统文化思维体系。此外，让教师充分认识到肩负传统文化教育的职责，使教师队伍在中华优秀传统文化领域的理论水平和教学能力有一个全面提升，使教师担当起学生指导者和引路人的重任。教师要熟知教育理念，鼓励采用更加适应优秀传统文化教育，更加适合新时代青少年的教学方式。当代青少年是网络原住民，最新的网络科技深刻影响他们的认知和学习，教学中要思考

① 《论语·阳货》。

如何让最古老的传统文化与最先进的网络智能技术相结合，充分吸引青少年而又不失传统文化魅力。

（三）探索中华优秀传统文化资源产业化发展

党的十九大报告提出推动中华优秀传统文化创造性转化、创新性发展①。这意味着文化产业也要深入挖掘传统文化资源，从而让传统文化"活"起来。探索中华优秀传统文化资源产业化发展，要着力打通文化事业与文化产业融合发展的通道，把中华优秀传统文化纳入产业范畴，有序推进，逐步深入，并把其作为文化强国建设的原动力。

通过文化的产业思维为中华优秀传统文化传承注入时代活力。文化随着市场化的不断深入已发展为一种产业，涵盖文化产品的方方面面。依托有形和无形的中华优秀传统文化载体，打造主题突出、导向鲜明、内涵丰富的旅游产品和影视产品等，是发展中华优秀传统文化产业的关键所在。充分利用"互联网+"手段，合理分配线上及线下资源，让传统文化的传播效应倍增；关注年轻人，全面打开以年轻人为主的受众市场；通过展示、体验等多种方式，提高人们的家国体验感；将富有中华优秀传统文化特色的名胜古迹、博物馆、纪念馆、传统建筑、农业遗址、文化遗产等资源联动开发，以文化旅游为载体，或以非遗传承为形式，通过优质化、产业集群化的发展路径，借助现代产业生态的力量，让博物馆里的文物、大山中的遗产、古籍里的文字"活"了起来，壮大新型中华优秀传统文化业态。将中华优秀传统物质文化的挖掘和利用与现代化生产及生活方式融合为一体，探索中华优秀传统文化资源产业化发展。

（四）建立健全中华优秀传统文化传承体系的组织领导和保障机制

建立健全体系机制是中华优秀传统文化传承发展的工作需要。党的十七届六中全会指出："要全面认识祖国传统文化，取其精华、去其糟粕，古为今用、推陈出新，坚持保护利用、普及弘扬并重，加强对优秀传统文化思想价值的挖掘和阐发，维护民族文化基本元素，使优秀传统文化成为新

---

① 习近平：《决胜全面建成小康社会　夺取新时代中国特色社会主义伟大胜利——在中国共产党第十九次全国代表大会上的报告》，人民出版社，2017，第41页。

时代鼓舞人民前进的精神力量。"①

在加强组织领导力方面，实行层层联动，落实领导工作责任。要强化组织领导，密切与工会、宣传、文化、妇联等相关部门的联系，提高配合默契度，努力打造的工作格局既要突出党委的领导地位，也要注重各部门的配合，更要强调全社会参与，并发挥最大工作合力。

在构建保障机制方面，为中华优秀传统文化传承和弘扬培养专门工作队伍，灵活培训形式，切实提高教育水平。同时，强化中华优秀传统文化保护与弘扬政策的制定与实施，形成多方面、全方位的政策体系建设。建立政府行政管理制度、专家学者管理制度、知识产权管理制度、常规管理人才培训制度。此外，在财政支持、资源保护利用、相关奖励和补贴优惠等方面加强保障，进一步完善中华优秀传统文化传播和教育的评价和督导机制。最重要的是，要加强中华优秀传统文化法治环境建设。加大法治宣传力度，强化法律法规实施力度，形成全社会继承和弘扬中华优秀传统文化的自觉意识。

（五）拓展多途径多形式传播，提升中华优秀传统文化传播效能

习近平总书记在全国宣传思想工作会议上指出："要把优秀传统文化的精神标识提炼出来、展示出来，把优秀传统文化中具有当代价值、世界意义的文化精髓提炼出来、展示出来。"② 对中华文化不仅要知其然，还要知其所以然、知其所以必然。中华优秀传统文化的传播效能主要是看受众在多大的程度上理解、信任和喜欢。

提升中华文化传播效能需要从顶层设计到传播格局，从理念变革到话语体系，从传播策略到队伍建设全方位一体化推进。从传播载体方面，弘扬中华优秀传统文化，离不开多样化的传播方式对其内涵的挖掘式阐释。

新时代中华优秀传统文化传播要兼顾传统和新兴媒体。一方面，要利用好书刊、电视台和广播等传统传播载体；另一方面，要不断推动媒体融合发展，充分运用信息革命成果，如大数据、云计算等新技术手段提升传播效能，形成基于新兴媒体的中华优秀传统文化的新表述、新形态，形成符合当代大众审美旨趣的可对话、可理解、可接受的表达体系。还要根据

---

① 《十七大以来重要文献选编》下，中央文献出版社，2013，第572页。
② 《习近平谈治国理政》第3卷，外文出版社，2020，第314页。

互联网技术带来的全程媒体、全息媒体、全员媒体和全效媒体的新趋向，加强对全体民众特别是青年群体的文化熏陶。同时要加强青年群体的再传播效力，使青年群体在中华优秀传统文化学习中自觉地践行中国当代价值，成为可移动的中华文化传播载体。

（六）加强大中小学中华优秀传统文化教育的系统推进

中华优秀传统文化教育是一项具有现实意义的系统工程，中华优秀传统文化要进入校园，需要系统规划，同时也要差异化设计。

一方面，需要系统规划。虽然学生身处中华优秀传统文化教育阶段各不相同，但对教育的整体规划性和推进有序性的要求却高度一致。将大学、中学、小学作为一个有机整体工程实施中华优秀传统文化教育，可以克服中华优秀传统文化教育目标脱节、教育内容重复交叉和不同阶段缺乏有效衔接等问题，从而构建一个衔接有序、层层递进的教育体系。

另一方面，需要差异化设计。依据学生情感、认知和行为的发展规律设计中华优秀传统文化课程内容，结合不同学习阶段的特点，循序渐进地开展中华优秀传统文化教育。在小学低年级，以培育学生对传统文化的亲切感为重点开展启蒙教育；在小学高年级，以提高学生对传统文化的感受力为重点，产生喜爱之情；在中学阶段，应以增强学生对传统文化的理解力为重点，侧重对文化内涵的体验，提高学生对传统文化的认同。在大学阶段，要注重自主学习能力和探索精神的培养，强调责任与使命。中华优秀传统文化教育要围绕立德树人根本任务，按照一体化、分学段、有序推进的原则，有计划、有步骤地让中华优秀传统文化走进校园，最终渗透到学生心灵深处。

第三章　高校思想政治教育融合发展中华优秀传统文化的理论依据

第一节　高校思想政治教育与中华优秀传统文化融合发展的可能性

一　高校思想政治教育的文化特征

在任何国家任何时代，思想政治教育都居于重要地位，对社会成员从思想到行动都产生莫大的影响，是一个社会传递治理理念、形成社会风尚、凝聚社会共识、塑造价值认同、增强民族情感的重要方式，是文明得以代代相承的重要保证，具有较强的文化属性。中华优秀传统文化作为中华民族的文化结晶，可以通过与高校思想政治教育融合发展的方式，实现传承与弘扬，二者相辅相成，共同发展壮大，既实现民族文化、民族精神的赓续，也启迪大学生增长才智，培养独立人格。

（一）高校思想政治教育的文化属性

文化随人类历史的演进而发展。人类文化的产生积累与进化源于人类的社会活动，也可以说人类的每一项社会活动都内含特定的文化底蕴。自人类文明诞生起，教育就与文化密不可分、相伴而生。文化在潜移默化中对人的润泽、滋养、改变就是教育的具体表现形式，而教育本身是在对文化进行总结的基础上的传播活动，保障文化跨越时空的传承。

思想政治教育有着科学的理论体系，是在正确价值观的指导下，对教学对象进行有针对性的教育活动，在教学的整个流程中，要对教学计划和目标有充分的考虑，当今社会，思想政治教育已经逐步融入高校常规教育之中，以实践的方式让学生明白什么样的思想道德品质是被社会普遍认可的。这深刻地揭示出思想政治教育的文化本质与内涵，文化既是思想政治教育产生、发展的重要前提，也是其基础与内容。高校学生已经具备了一定的主观意识形态，思想政治鲜明的文化属性，可以促进社会主义主流意识形态在大学生中间传播，可以帮助大学生形成正确的政治观念、价值认同、道德标准等，这与中华优秀传统文化的内在精神及实践性特征相吻合。

第一，文化传承是高校思想政治教育的重要目标。高校思想政治教育的重要目标就是向大学生传递社会主义核心价值观，为中国特色社会主义培养后备人才。高校思想政治教育需要推动社会个体的思想建设，为培养全面发展的有素质、有道德的全面人才提供推动力。从这一目标本身来看，传承文化、发扬文化是高校思想政治教育目标的应有之义。

人才的培养离不开高校，高校在对学生进行教育时，应该时刻思考人才的定义和人才的培养方式。我们如期全面建成了小康社会，实现了第一个百年奋斗目标，迈上了全面建设社会主义现代化国家的新征程，正向着实现第二个百年奋斗目标前进。文化育人的方式，是正确培养人的途径，也是充分利用高校资源为人才培养做出建设的基础。思想政治教育在高校中的体现并不完全是培养人才，从国家层面而言，政治教育肩负着促进民族复兴、促进我国健康发展的重大使命。一方面，高校思想政治教育需要通过理论创新、方法创新，将继承弘扬中华优秀传统文化作为重要一环，要从实践角度加强对中华优秀传统文化的汲取与运用；另一方面，高校思想政治教育应当帮助大学生自觉主动地加强对中华优秀传统文化的学习，自觉接受中华优秀传统文化的熏陶，自觉将个人的理想追求与中华优秀传统文化的精神要求相融合，做一个堂堂正正的中国人。

第二，从某种程度来说，高校的思想政治教育也要充分贴合学校的教育情况和教育理念。思想政治教育在高校中重要程度很高，需要培养学生正确的人生观、价值观和世界观，让学生树立正确的法治观、道德观和政治观。高校思想政治教育的发展是建立在中华民族发展的历史基础上，有着独特的民族文化背景，也是根植于人民现实的发展需要。保持高度的文化自觉，用符合中华民族的文化模式来推动高校思想政治教育的发展，具有鲜明的民族文化特征，以顺应世界发展趋势、合乎时代要求的精华内容教育引领学生成长，切实起到教育引导的作用。思想政治教育的文化底蕴来自优秀的中华传统文化，中国特色社会主义文化是在对中华优秀传统文化的继承发扬和社会主义文化的创造与发展的基础上形成的，是我国思想政治教育的重要文化源泉。在现代的思想政治教育中，一方面要通过中国特色社会主义文化满足大学生的文化需要，另一方要通过教育活动进一步总结发展中国特色社会主义文化。在经济全球化发展的今天，我国思想政治教育可以在借鉴国际最佳实践的基础上，立足我国国情，结合我国实际特点，丰富教学内容和教学形势。在借鉴境外经验方面，我国不能照搬照抄外国做法，而是要树立以我为主、为我所用的理念，汲取先进做法，结合本土实际，走出具有中国特色的思想政治教育道路，增强教育的感染力、有效性、针对性。

第三，高校思想政治教育方法得益于传统文化积累。开展思想政治教育，是在特定历史时空下的人文土壤中进行的，必然形成与之相应的教育方法。例如，在以儒家为代表的传统文化中，就积累了诸多值得后世借鉴传承的教学方法，包括因材施教、有教无类、温故知新等，这些都可以成为现代思想政治教育方法的有益借鉴。在历史的不同阶段，思想政治教育内容的重点会有所不同。早在新中国成立前，中国共产党就根据思想政治教育实践，提出了著名的"生命线"论断，为新中国成立后开展思想政治教育奠定了坚实的基础。世界经济因文化而交流，文化又因经济而互鉴。

第四，高校思想政治教育主体的本质在于文化。教育主体在思想政治教育领域都有着文化属性，高校思想政治教育所具备的阶级属性和意识形态属性，直接决定了教育主体与受教育者之间存在互动性。二者围绕政治、经济、道德、法律等主题的研究讨论互动过程，其实也是文化的激发、批判与继承的过程，彰显着浓厚的人文精神，是文化传承的重要阵地。

（二）高校思想政治教育的文化价值

如今，教育对政治经济的发展都有着强大的促进作用，通过教育，还能促进文化的提升和发展，高校中的政治教育为青年打下了良好的思想基础，有利于文化的传播。中华传统文化源远流长，而之所以能够绵延五千年传承至今，重要原因在于从古至今我国都高度重视学校建设，有一套可以传承文化的教育系统。同样，当今高校的思想政治教育也同样发挥着文化传承的重要作用，保证中华文明的有序传承，是实现人类优秀文化代际传承的核心阵地。

1. 文化传承与创新价值

文化传承是指上代到下代的传递，文化在民族共同体中传承时会不断吸收消化先进文化，再结合文化本身的精华部分，通过创新形成新的文化用于传承。高等教育的产生，在一定程度上促进了优秀中华文化的传承与发展，其中包含的很多思想政治理论，能提升文化融合的质量和效率。思想政治教育是提升青年文化素质的源泉，也是实现文化传承与思想创新的核心所在。与科技等相关的知识教育不同，思想政治教育更多聚焦于学生的精神世界，传授的是世界观、价值观、人生观，以激发大学生的理想信念和奋斗意志为主要目标，因时而变，不断创新，既有文化守正传承的一面，也有文化创新的功能，具有文化传播的枢纽作用。从根本上说，思想政治教育的目标是为国家、为社会培养优秀人才，这就要求在实践中要重点培养大学生的民族情感和家国情怀，这必然蕴含传承传统文化与民族精神的内在要求，吸收借鉴一切文明成果。进而根据时代、国家和人民发展的现实需要赋予文化新的内涵，高校思想教育的最终目标是提升文化的再生能力，这离不开传承与创新的发展。

2. 文化选择、整合价值

什么样的价值观决定社会与人类按照什么方向发展。高校思想政治教育的开展，目的在于帮助大学生掌握中华民族思想文化的精华，继承历代先贤的思想遗产，在借鉴其他文明成果的基础上，选择开创适合我国发展道路、符合当今世界潮流的文化，使之同时具备科学性和先进性，符合历史发展进程，而且能为思想政治教育提供更多的精华文化，让文化和教育一起发展。一方面，能够推动思想政治教育目标的实现，另一方面，高校思想政治教育本身也是对文化进行评估、选择、继承、整合的过程。

首先，高校思想政治教育代表着一个国家和民族发展的总方向，因此要选择那些能够符合国家和民族发展需要的优秀价值观，以对当前的社会发展方向带来精神上的指引。作为重要的教育资源，高校思想政治教育的内容一方面要符合社会精神发展的要求，另一方面也要服务于人的全面发展。

其次，高校思想政治教育具有整合优秀文化资源的功能，将中华优秀传统文化、马克思主义中国化最新理论成果、其他文明的优秀文化进行统筹协调，形成相互融通的有机整体，服务于中华民族伟大复兴，为之提供源源不断的精神动力。

最后，高校思想政治教育具有升华中华优秀传统文化的功能。高校思想政治教育在批判性继承、系统性整合中华优秀传统文化的过程中，站在马克思主义的立场，运用历史唯物主义和唯物辩证法对中华优秀传统文化进行调整升华，使其发展方向符合中国特色社会主义道路要求，顺应时代发展潮流，在新时代焕发蓬勃的生机。

因此，文化在高校思想政治教育中具有核心地位的作用，思想政治教育工作本身一方面是批判性继承、创新、弘扬文化知识、文化精神、文化理念，另一方面也是实现其自身文化价值的过程，具有不可替代的作用。

二　中华优秀传统文化与马克思主义理论的融合互通

中华传统文化和马克思主义理论有共同的特点，二者均是开放性系统，因而为二者的深度结合提供了前提条件。马克思主义是思想政治教育的基础和灵魂，马克思主义所具有的开放包容的理论品格，为将中华优秀传统文化引入高校思想政治教育奠定了良好基础。马克思主义本身不是凭空产生的，而是马克思、恩格斯等在充分吸收借鉴前人积累的自然科学和人文科学成果并充分总结人类发展历史规律的基础上，从生动的社会实践中科学化、条理化地抽象总结而来的。马克思主义自诞生以来，从来未宣扬过绝对真理，相反它总是强调要将这一理论视为方法而不是教条。因而，虽然世界在不断发生变化，但是马克思主义自诞生以来一直坚如磐石，虽然马克思主义早在170多年前就已经诞生，而且世界瞬息万变，但马克思主义的理论依然历久弥新，不断给予世界深刻的启迪。

马克思主义在当时作为一种新型的思想理论，具有高度的科学性，其理论能对当时的社会生活做出有现实意义的理论指导，具有较为广泛的合理性。除此之外，很多国家的哲学思想受到马克思主义的影响，产生了规范的世界观和方法论，而且，科学的马克思主义理论在世界范围掀起了社会主义运动的浪潮，深刻影响着人类历史的发展走向和发展进程，拓宽了人类的前进路径。马克思主义理论的基本内涵具有开放包容性的特征，实践证实了的具有科学依据的指导思想，具有强大的感召力，能够迅速在世界范围内传播并为人们所接受，对世界政治经济军事均发生了实质的影响，极大地改变了世界格局，影响了世界历史走向。

首先，中华传统文化本身就是百花齐放、百家争鸣的结果，能够吸收容纳一切合理有益的文化成分，具有强烈的开放性品格。这种特质使得中华优秀传统文化传承五千年而依然迸发出强大的生命力，成为人类历史上独一无二的文化高峰。这样的结果是历史的必然，因为中华优秀传统文化追求的就是"苟日新，又日新，日日新"①，不断进行自我革命，从未自我演化成为封闭静止的文化体系，因而始终能够做到革故鼎新、合乎时代，做到代代相承。其中，儒家思想是中华优秀传统文化的核心，统领着各类文化的发展。儒家自孔子创立之初，就处于一个百家争鸣的历史时期，在历史演进中尽管儒家一直处于核心地位，但其他文化也从未消亡，而是在儒家对立统一的演进中得到大力发展，与之相互借鉴，最终在微妙平衡中实现了你中有我、我中有你的和谐共生局面。可以说，儒家思想与中国历史上其他的文化学说都是随着历史的变迁而不断发展变化的，它是适应中国社会发展的现实需求所诞生的产物，也是推动社会发展和前进的重要内容，具有穿越时空的生命力。

其次，中华传统文化的开放性也使得外来文化能够融入其中，演化成为中华传统文化有机的组成部分。在中国漫长的历史长河中，先后有佛教文化、西域文化、辽金文化、游牧文化等进入中原，在与中华本土文化竞争、碰撞、交流中，融合于中华传统文化，既实现了自身的赓续，也拓展了中华传统文化的广度和深度，促进了各自的长远发展。可以说中华传统文化就是在与各种其他文化的竞争中，不断丰富完善自己而发展起来的，在这一过程中一方面以宽广的胸怀积极主动地吸收消化外来文化有益成分，加强自身改造；另一方面也积极"走出去"，对周围国家产生深远影响，形成中华文化圈，在人类文明中成为屹立不倒的一极。由此可见，中华传统文化的开放性特点决定了中华传统文化具有强烈的自省倾向，绝不是坐井观天的文化，也不是故步自封的文化，而是在与其他文明的竞争借鉴中，勇于自我革命，不断推动自身持续改变进步。在推进马克思主义中国化的新时代，中华优秀传统文化与马克思主义理论深度结合，焕发出新的活力，成为中华传统文化进一步跃升的重要契机，使得中华文化的声音能够在世

---

① 《大学》第三章。

界的舞台上嘹亮。

总之,尽管中华传统文化与马克思主义存在较大不同,但二者的开放性与包容性的共同特征,使得二者可以相互融通,可以预见,在二者深度结合的基础上,最终会推动中华文明迈上新台阶,创造新的文明形态。

三 中华优秀传统文化与马克思主义的关系

马克思主义产生于人类步入资本主义时代之后,建立在对资本主义问题的深刻认识和批判的基础上,为人类设立了共产主义的远大目标,在中国,则是党和国家事业发展的根本指导思想。但与马克思主义不同,中华传统文化的形成和发展是以我国封建宗法制度和血缘制度为基础的,其价值理念、等级秩序、人伦秩序等都有其特定的时空背景。因此,在1840年后,中国沦为半殖民地半封建社会,仅仅依靠中华传统文化难以避免中国被列强侵略的命运,这客观上要求引入外部理论弥补自身不足,带领中国人民冲破黑暗,重新步入光明。

马克思主义正是这样一种彼时中国所急需的科学理论,它为中华民族推翻阶级压迫、民族压迫,寻求民族解放提供了理论支持、方法支持以及精神动力。中国共产党在继承以爱国主义为核心的民族精神的同时,积极运用马克思主义的科学理论指导中国革命、建设、改革的伟大事业的开展,最终走出了符合中国国情的社会主义发展道路。马克思主义有着独特的魅力,发挥马克思主义思想的相关理论将其渗入高校思想政治教育的内容中,为培养具备正确价值观的青年提供动力。因此,马克思主义是社会主义中国的理论生命线,在将中华优秀传统文化融入高校思想政治教育方面,要坚持马克思主义的指导地位,要运用好历史唯物主义和唯物辩证法,以科学的态度看待中华优秀传统文化的传承发展问题,确保符合中国特色社会主义发展道路的根本要求。在此前提下,积极大力发展弘扬中华优秀传统文化,摒弃不符合时代发展要求的糟粕内容,服务于中华民族伟大复兴的伟大事业。

马克思主义与中国的具体实际相结合是中国共产党在长期的革命建设中的伟大发现,也是对马克思主义的科学运用,还是中国特色社会主义理论体系形成的重要内容和历史依据。马克思主义作为优秀的理论指导,与传统中华文化融合后,为国人的日常生活提供了思想指导。马克思主义在中国的土地上传播、盛行,必须植根于民族历史和文化的沃土。

中国特色社会主义理论的产生对中华民族的发展有着不可或缺的推动作用，在产生过程中，马克思主义与中国传统文化的碰撞为中国历史文化实践提供了更多的理论基础，也让马克思主义逐渐融合得更符合中国文化特点。马克思主义中国化是一个不断进步的过程，依靠优秀的中华传统文化，让其发展达到了新的高度。要始终坚持马克思主义在高校思想政治教育中的指导地位，同时也要将中华民族优秀文化作为重要的力量支撑，使高校思想文化教育的内容变得更加丰富。

总之，马克思主义与中华优秀传统文化不是相互排斥、相互替代的关系，而是在实际工作中密切配合、相互促进、相互融合的关系。因而，将中华优秀传统文化融入以马克思主义为指导思想的高校思想政治教育具有坚实的理论基础和现实可行性，在一定程度上也回应了融合发展的必要性。

第二节　高校思想政治教育与中华优秀传统文化融合发展的必要性

思想政治教育在一国教育中具有特别的地位，它不仅传授知识，更重要的是培养大学生的精神和人格，帮助大学生认识我们是谁，我们从哪里来，我们要到哪里去的根本问题，具有文化传承的属性，是构筑民族认同、国家情感的重要平台。在办学过程中，必须要融入社会主义教学理念，高校的主要任务是培养社会主义接班人，培养符合时代需求和国家需求的人才，为中华民族的伟大复兴奠定基础。一个民族区别于其他民族的核心特征除了基因血缘等物质层面，更为重要的是文化传统的不同。因而，在实现中华民族伟大复兴的关键时期，我们需要创新采取更多的方式促进中华优秀传统文化的传播，进一步增强民族感情和家国情怀。就高校思想政治教育而言，要将中华优秀传统文化作为重要的一部分，充分发挥其文化传承作用，使广大青年学生既有马克思主义的理论武装，又有中华民族精神的加持，成为新时代进行中国式现代化建设的先锋队和主力军，自觉传承民族文化，自信地使中华民族立于世界民族之林。

一　提升文化涵养是高校思想政治教育的内在需要

自古以来，中华优秀文化就具有以文德教化天下的传统，在历史的长河中成为滋养中华民族精神、传递民族智慧的重要途径。高校思想政治教育工作具有同样的特点和要求，中华优秀传统文化的特点与之契合度高，在人才培养、道德形成、精神传播等方面可以成为高校思想政治教育的重要支撑，也是创新高校思想政治教育方式方法的重要内在要求。

（一）推进高校思想政治教育高质量发展的文化源泉

文化是思想政治教育的重要支撑，客观要求思想政治教育课程要从文化中汲取营养，借鉴方法，提高课程的鲜活度和吸引力，成为大学生喜闻乐见的教育方式。中华优秀传统文化历史悠久，具有丰富的文化积淀，是中华民族有别于其他民族的根本原因，蕴含中华民族的精神基因。因此，中华优秀传统文化必然是我国思想政治教育的重要资源宝库，具有重要的地位。在新的时代背景下，高校的思想政治教育需要具备更加明显特征的体现形式，提升教学质量和教学效果。从更加具有意义的切入点出发，融入具有创新性的思想内容和教学内容，提升高校教育水平，面对未来的变局和发展趋势，能够做到有的放矢，消除不同文明碰撞对学生的不利影响。在此背景下，中华优秀传统文化的功能与作用更加凸显，与思想政治教育融合发展的要求更加迫切，继续探索二者结合的有效路径和发展方向，进一步提高思想政治教育的有效性和针对性。习近平总书记明确指出，"中华民族几千年来形成了博大精深的优秀传统文化，我们党带领人民在革命、建设、改革过程中锻造的革命文化和社会主义先进文化，为思政课建设提供了深厚力量"[1]。

一方面，中华优秀传统文化可以转化为高校思想政治教育的重要教学资源。中华优秀传统文化具有学以致用、为民请命的传统，其在价值追求、哲学思辨、道德要求、教学方法、修身途径等方面具有穿透历史的价值。经过五千多年的积累，在哲学、文学、建筑、经济、医药等方面积累了宝贵财富，培养了数不胜数的民族脊梁，产生了流传千古的英雄事迹，这些都可以成为思想政治教育取之不尽、用之不竭的教学资源。在我国的思想政治教育中，要勇于创新，采取多种灵活方式，充分运用发挥好中华优秀传统文化的价值，切实做好培根铸魂、化人育人的效能，提高思想政治教育的有效性。

---

① 《习近平谈治国理政》第 3 卷，外文出版社，2020，第 329 页。

与此同时，中华民族优秀传统文化的发展，需要从本质的角度出发，深度挖掘内涵。在信息化的时代，随着网络技术的快速进步，信息传播速度大幅提升，各类思想在网络上传播，其中不乏落后愚昧的成分。大学生在一定程度上还缺少成熟的辨别力，容易被冲击或蛊惑，迷失成长方向，这值得高度关注。因此，在信息化时代，高校思想政治教育尤其要高度重视对大学生在树立正确价值观方面加强引导和干预。党的十八大对社会主义核心价值体系进行深度分析，将其中的内涵总结为社会主义核心价值观，这是社会主义价值理念的主要体现形式，习近平总书记指出："我们提出的社会主义核心价值观，把涉及国家、社会、公民的价值要求融为一体，既体现了社会主义本质要求，继承了中华优秀传统文化，也吸收了世界文明有益成果，体现了时代精神。"① 可以肯定的是，社会主义核心价值观是能够体现当下时代需求和时代发展战略的重要理念，也是指引中华民族发展的主要依据，同时也蕴含对优秀传统文化中价值追求，如对"致良知""为生民立命""天下兴亡，匹夫有责"的继承与弘扬，是中华民族的重要精神支撑，能够起到凝聚人心的效果。因此，在对青年大学生进行引领的过程中，需要融入更多与社会主义核心价值观相符合的内容，而这也是思想政治教育的关键环节。事实证明，要帮助大学生树立正确的价值观，要加强宣传、灌输，更要加强对课程的设计，以生动活泼的方式在课堂上对大学生进行言传身教，提高大学生对中华优秀传统文化的知识储备、精神认同和实践收获，帮助他们认真思考人生的价值和意义，进而不断加强个人道德修养、人文修养。总而言之，充分发挥中华优秀传统文化润泽品德、教化人心的作用，有利于提高高校思想政治教育的实际效果与教学质量。

此外，通过融入中华优秀传统文化的方式，可以强化文化的内在价值和内在属性，通过不断沉淀和不断完善的方式，促进文化的发展和进步。在中国古代的思想文化中，君子人格是历代读书人的毕生追求，由此产生丰富的教学方法和先进的教学理念。例如，中国教育先驱者孔子就提倡有教无类、因材施教、重视实践的理念，认为只要通过学习努力，人人都可以成为君子。孟子也有类似的表述。由此可见，早在两千多年前的古代，

---

① 习近平：《青年要自觉践行社会主义核心价值观——在北京大学师生座谈会上的讲话》，人民出版社，2014，第5页。

人们就已经针对教学方法进行了深度探索。实践证明，这些教育方法及教育理念是具有穿越历史时空的价值的，在现代教育中依然值得遵循。当代大学生的思想认知呈现出明显的变化趋势，这种变化来自社会环境的创新，也来自时代发展变化，这就要求思想政治教育要顺应时代的变化、学生的变化进行改进，使其更有针对性。因此，对于中华优秀传统文化中有益的教学理念、教学方法，思想政治教育都要加以认真借鉴学习，并进一步创新教育开展方式，提高教育的针对性和有效性。

（二）推进高校思想政治教育高质量发展的内在要求

从历史的眼光来看，在社会变革发展中，文化总是处于先导的地位。例如，我国新民主主义革命就是以五四运动为标志发展起来的。在当今时代，世界各国的竞争除了经济军事等硬实力的竞争外，更有精神文化的软实力竞争，特别是在核威慑相对平衡的今天，文化的竞争显得愈发重要。在全面推进中国式现代化发展的今天，一定要高度重视文化在社会主义发展中的引领作用，要从历史的角度，在高校思想政治教育中重新审视解读中华优秀传统文化的精神，充分发挥中华优秀传统文化在社会主义各项事业中的内在驱动作用，保障我国在文化竞争中立于不败之地。

从宏观层面来讲，思想政治教育起到的作用极为关键，能够给社会的稳定以及政治的稳定奠定基础，实现民族情感认同与时代进步发展的统一。这就要求，思想政治教育一定要做到对中华优秀传统文化的回归与创新，夯实思想政治教育的文化根基，帮助大学生站在本民族立场看待世界发展问题，建立文化自信，避免被西方错误价值观所冲击。中华优秀传统文化可以为思想政治教育提供新思路、新路径，避免对西方教育模式的依赖，同时为开展思想政治教育提供丰富的文化资源，进而实现自我的发展与弘扬，实现一举两得的局面。

因此，对文化的继承与创新，是开展高校思想政治教育工作的基础，文化本身蕴含着提升思想政治教育工作的内生动力。当然，这并不意味着完全排斥西方的教育模式和教育内容，而是要立足中国实际，借鉴国际最佳实践，秉持中华民族立场，采取最佳的教育模式，传递的是符合中国特色社会主义发展要求的精神价值、文化传统与道德品质，培养新一代青年的民族精神、世界视野以及创新品质。

实现民族认同、文化自信，就必须加强对中华优秀传统文化的继承和发扬，从中提炼中国的文化特色、精神特质、价值取向，为新时代的大学生打上中国烙印。形式主义是高校思想政治教育的大敌，在实际教学中要坚决予以避免，要采取充满生动性、趣味性的方式，激发学生本身的学习热情，催生其自主学习的内生动力，使广大学生真正产生获得感。思想政治教育的核心内容是立德树人，确保在多元化的思想、价值、理念碰撞交锋的时代，大学生能够得到中华优秀传统文化的涵养，增强正气和底气。同时，思想政治教育要在新的时代背景下，为更多青年群体植入正确积极的思想，使其能够更好地承担起实现中华民族伟大复兴的光荣使命。

（三）可以有效应对文化挑战

现在正值百年未有之大变局，国际竞争更加激烈，面对这样的世界大势，党中央审时度势，提出将马克思主义与中华优秀传统文化相结合，为推进高校思想政治教育与中华优秀传统文化相结合提供了理论遵循。人类要在 21 世纪生存，必须汲取儒家文化的营养。可见，中华优秀传统文化本身具有超越性，其中的精华是人类文明的宝贵财富。因此，高校的思想政治教育必须要将中华优秀传统文化作为重要载体，从中汲取智慧与经验，从容应对现代发展所面临的问题，以保证我国在各国文化竞争中立于不败之地。从这个角度而言，中华优秀传统文化融入高校思想政治教育，有利于帮助青年学生坚定文化自信，维护国家文化安全，强化国家认同，意义重大。

一方面，思想文化贵在一脉相承。对于一个国家而言，古代文化到现代文化都是经过不断传承的，如果摒弃古代文化，那么，现代文化也必然成为无源之水，这对于文化的后续传承是非常不利的。在对中华优秀传统文化进行传承的过程中，需要注重历史文化的重要意义。由此可见，新的时代背景和新的文化内容，需要与古代的文化精髓相结合，树立文化信念和文化自信，必须建设繁荣兴盛的中国特色社会主义文化，只能在这个基础上渐次展开，高校思想政治教育需要不断抵御外来文化的侵蚀，提升自身文化体系的稳定性，将思想和文化相结合，坚守本心，坚定立场，找到正确的发展方向和发展理念，坚持用优秀的中华传统文化来培养青年学生的思想与精神。

另一方面，面对境外文化的冲击与威胁，如何维护国家文化安全，直接影响到经济社会的发展、政治稳定及国家整体安全。这要求思想政治教育相关内容要深深根植于国家民族的文化土壤，更要创新方式方法充分发挥中华优秀传统文化的"压舱石"作用，应对境外文化的冲击。中华民族文化在漫长的传承进程中，形成了很多优秀的文化，很多具有哲学思想的理论和文学内容都给中华文化的传承和发展注入了强大的动力，对于内在价值的挖掘，可以与教学相结合，保障中华优秀传统文化的继承与发展，彰显中华文化的独特优势，增强思想政治教育的吸引力和感召力。同时，有效对冲西方文化的负面影响，使青年学生树立正确的人生观、世界观、价值观，并进一步将中华文化发扬光大。总而言之，高校思想政治教育与优秀传统文化相辅相成，共同发展，是时代发展的必然要求。

二　推动文化传承是高校思想政治教育的重要使命

中华文化历经数千年的发展，积淀了极为丰富的内涵和形式，进而转化为民族文化认同感和文化自信，换言之，中国人民的文化自信是由长期的积淀形成的，人们通过自我认知和自我剖析，形成了完整的文化体系：从未来发展的角度来看，中华文明的传承和发展，迎来了一个新的划时代阶段。因此，对传统文化的传承，需要以更加自信、主动的态度来进行。高校思想政治教育肩负着传承中华优秀传统文化的使命，同时也是创新教育方式方法、实现自我发展的必然要求。

（一）守正创新，承担文明传承重任

随着马克思主义的传播以及我国社会主义事业取得了伟大成就，从历史唯物主义和唯物辩证法的角度反过来评估审视中华优秀传统文化，发现其中蕴含的民族精神、民族气魄与民族智慧是超越历史的，值得重新发掘与弘扬的，是中华民族区别其他民族的根本标志。因此，当代的诸多学者孜孜以求，不断研究中华传统文化，取得了一系列喜人的成果。这一过程也同样发生在思想政治教育领域，思想政治教育专家普遍认可了中华优秀传统文化的重要作用，开始自觉将中华优秀传统文化作为有关教材课程的重要内容，自觉承担起中华优秀传统文化的传承工作。事实上，在历史上思想政治教育工作一直都在延续不断，是一种民族精神、民族智慧传递的过程，且都是以国家作为最后保障支持的，因而与本国的文化是密切相关

的。也正因如此，我国的思想政治教育必然承担起文明传承的重任，积极培养大学生加强中华优秀传统文化修养，做文化的继承者和传播者。

习近平总书记强调："宣传阐释中国特色，要讲清楚每个国家和民族的历史传统、文化积淀、基本国情不同，其发展道路必然有着自己的特色；讲清楚中华文化积淀着中华民族最深沉的精神追求，是中华民族生生不息、发展壮大的丰厚滋养；讲清楚中华优秀传统文化是中华民族的突出优势，是我们最深厚的文化软实力；讲清楚中国特色社会主义植根于中华文化沃土、反映中国人民意愿、适应中国和时代发展进步要求，有着深厚历史渊源和广泛现实基础。"① 习近平总书记的论述深刻阐释了中华优秀传统文化的重要价值以及思想政治教育工作应当努力的方向，明确了中国特色社会主义道路与中华优秀传统文化之间的关系。高校思想政治教育工作必须严格落实习近平总书记的重要讲话精神，自觉站在新的历史方位，深刻理解中华优秀传统文化的诸多价值，保证中华优秀传统文化延绵不绝，成为民主精神与民族智慧传承的重要纽带，并实现思想政治教育立德树人的根本目标。从目前的实践来看，尽管各高校对中华优秀传统文化的重视程度已经有了很大提高，但是从客观来讲，在高校思想政治教育中如何科学有效地开展中华优秀传统文化教学工作还有待探索，在教学内容、形式、方法、路径等方面还需要进一步完善，学生的参与度和获得感需要进一步提高，教师的传统文化素养也需要进一步提高。

（二）开拓进取，推动中华优秀传统文化成果转化

毫无疑问，高校思想政治教育理应成为中华优秀传统文化传承的重要阵地，但是如何更加科学合理地传承中华优秀传统文化，在理论和实践上实现有效衔接，对于文化的传承具有重要意义。

习近平总书记强调："传统文化在其形成和发展过程中，不可避免会受到当时人们的认识水平、时代条件、社会制度的局限性的制约和影响，因而也不可避免会存在陈旧过时或已成为糟粕性的东西。这就要求人们在学习、研究、应用传统文化时坚持古为今用、推陈出新，结合新的实践和时代要求进行正确取舍，而不能一股脑儿都拿到今天来照套照用。要坚持古

---

① 《习近平谈治国理政》，外文出版社，2014，第155~156页。

为今用、以古鉴今，坚持有鉴别的对待、有扬弃的继承，而不能搞厚古薄今、以古非今，努力实现传统文化的创造性转化、创新性发展，使之与现实文化相融相通，共同服务以文化人的时代任务。"① 因此，在思想政治教育工作中，首先要做的就是要处理好批判与继承的深刻关系，历经五千年的发展，中华传统文化内容无所不包，非常庞杂，要秉持"取其精华，去其糟粕"的原则，按照马克思主义基本原理，对中华传统文化进行评估与甄别，做好中华优秀传统文化与时代发展要求的结合，创新开展教育工作，并推动传统文化立足中国时代背景，不断创新演进，最终实现民族精神与民族智慧的传承及发展。

高校思想政治教育的文化属性表明，高校思想政治教育本身是历史性的存在，这就要求其必须建立在科学理论基础之上，围绕教育的根本任务，创新运用各种有益的教育资源，并与时俱进，保持强大的生命力和创新能力，不断实现自我超越、自我进化。高校思想政治教育的属性决定了要采取多种方式促进中华优秀传统文化转化创新，成为符合时代趋势和社会主义发展要求的新文化。例如，知行合一是中华优秀传统文化的突出特点。站在当下的时代环境中，马克思主义思想对于此理念的发展具有非常重要的价值，坚持古为今用，高校青年应该进一步提升自身的思想政治境界，用更高的道德标准进行自我要求，坚持知行合一，做好理论与实践相结合，明确学习的目的不仅是解释世界，更为重要的是改造自己、改造世界。坚持从实际的角度出发，从知行合一的角度保障成果，将核心价值观融入人们的精神世界和实际需求，推动人们自主传承、自主行动。总之，要在思想政治教育工作中，着力从马克思主义与中华优秀传统文化相结合的角度，认真推动中华优秀传统文化在当前阶段的发展创新，实现在当前语境下的成果转化，成为指导大学生认识世界、改造世界的强大精神动力。

三　思想政治教育与文化自信的构建紧密相关

高校思想政治教育的重要任务就是为国家培养人才，而人才培养的重要方面就是要建立文化自信，进而实现民族认同、国家认同，树立民族自豪感，这是青年学生将来能够效力国家的基本保障。按照美国亨廷顿的研

---

① 《习近平谈治国理政》第 2 卷，外文出版社，2017，第 313 页。

究，21世纪将是文明冲突的世纪，国际的竞争将更多地体现在文明竞争上。在此种背景下，中华优秀传统文化的继承与弘扬就更加凸显了其重要价值。一个国家的文化历史被抹掉之后，这个国家民族的生存意义也就不复存在，一个失去身份认同、失去自我认同的国家民族，在事实上也就迷失了自我，就是衰亡的开始。因此，进入新时代，我们要旗帜鲜明地增强文化自信，要从中华优秀传统文化中寻找滋养，将民族精神与民族智慧延续下去，使中华民族永远明白我们是谁，我们从哪里来，我们要到哪里去。

中华优秀传统文化已经成为中华民族的精神基因，是实现中华民族伟大复兴的内在动力，也是我们立于世界民族之林永不倾倒的精神底气。习近平同志在党的十九大报告中指出："中国特色社会主义文化，源自于中华民族五千多年文明历史所孕育的中华优秀传统文化，熔铸于党领导人民在革命、建设、改革中创造的革命文化和社会主义先进文化，植根于中国特色社会主义伟大实践。"① 由此可见，思想政治教育工作要站在中国特色社会主义文化的角度，对中华优秀传统文化进行继承，要充分发挥其对社会环境的积极影响。要不断对中华优秀传统文化进行改良，不断升华其内涵与价值，服务于符合社会主义中国的新文化，帮助广大大学生树立文化自信，激发全民族的学习热情，最终推动社会主义文化获得长足发展。

第三节　高校思想政治教育与中华优秀传统文化融合发展的可行性

马克思主义中国化的发展以及中华优秀传统文化的本土绵延不断的传承，结合二者都具备的开放性、包容性以及实践性，使得高校思想政治教育与中华优秀传统文化融合发展具有较强的可行性。

一　高校思想政治教育与中华优秀传统文化融合发展的理论逻辑

首先，马克思主义理论体系在特定的历史环境之下，给中国的发展带来了极为充足的动能，也可以成为思想政治教育的关键内容。

---

① 习近平：《决胜全面建成小康社会　夺取新时代中国特色社会主义伟大胜利——在中国共产党第十九次全国代表大会上的报告》，人民出版社，2017，第41页。

马克思、恩格斯在阐述历史唯物主义思想等观点时也表明了其文化思想。上层建筑包括哲学、艺术和文化等内容，这些内容应该得到广泛的传承和发展，从物质的角度来看，经济基础和上层建筑之间的矛盾是促进社会进步的主要动能。从这个角度来看，马克思对于经济的观点颇为确定，在经济高速发展的同时，上层建筑必然会更加完善。恩格斯也在此基础上提出，历史唯物主义不能将经济因素看作绝对核心，而应该用更加辩证多元的态度看待问题。马克思恩格斯具有强烈的辩证法思想，认为上层建筑对经济基础及社会历史发展具有强大的反作用力。二者之间存在明显的内在关联性和相互关系。当然，这并不意味着经济因素起到的是决定性作用。

质言之，历史上创造的各种传统与传统文化，是人们创造历史、学习历史的基础，人类新的实践经验可以对前期的思想成果进行改造，进而推动人类思想向前发展。问题在于，在这一过程中，如何正确处理历史传统与改革创新的关系。恩格斯认为不能用干脆置之不理的办法来消除。必须从原有的角度出发，对旧的事物进行批判，产生出新的事物，形成由旧到新的辩证过程。在对待历史文化的过程中，也应该坚持这样的态度。

此外，人类历史发展的前提是人类的出现和智慧的生成。人类在实践的过程中，不断创造有价值的东西，进而转变为集体的财富，换言之，创造人类文明，就是要通过改造世界和创造新事物的方式，创造更多符合人类发展需求的内容。总而言之，无论是政治思想还是文化，都要站在历史唯物主义的角度来进行，不能忽略历史对于未来发展的重要性。

列宁在发表的《青年团的任务》中强调"无产阶级文化并不是从天上掉下来的，也不是那些自命为无产阶级文化专家的人杜撰出来的"①，而是由无数人创造出来的。"在资本主义社会环境中，一部分人找到了属于自己的发展道路和发展方向"，这是对历史虚无主义的严厉抨击。因此，在对待文化的过程中，"要采用更加具体的标准进行分析"。从文化建设的角度来看，中国特色社会主义理论体系与中华优秀传统文化之间的传承和发展应该始终保持辩证关系，保证文化在当代社会环境中的广泛适应性，让传统文化中的精髓能够在当下的社会环境中再次发挥作用，从这个角度来看文化的发展与时代，经济和社会的发展之间存在密切的内在关联性，文化内

---

① 《列宁全集》第39卷，人民出版社，2017，第334页。

涵在特定的社会条件之下，会衍生出不同的体现形式。因此，在将社会主义政治思想与中华文化传统内涵相结合的过程中，也应该站在时代的角度看待问题。

其次，马克思主义中国化对于中国而言，有着极为关键的作用和意义。

近代之后，中华民族文化迎来了前所未有的考验。中国的经济经历了多个发展阶段，中国共产党始终以马克思主义核心理念为指导思想，通过马克思主义中国化，使其更加适合中国的实际国情，让革命斗争与思想文化理念充分结合，进入新民主主义革命阶段。新中国成立之后，毛泽东同志提出了文艺"双百"方针，指明了文化传承的道路。改革开放后，邓小平同志肯定中华优秀传统文化的重要价值。江泽民同志和胡锦涛同志也高度重视中华优秀传统文化的继承和发展。党的十八以来，习近平同志就中华优秀传统文化的继承发展问题提出了"两创"原则，将中华优秀传统文化的复兴发展提到了前所未有的高度，大力推动了传统文化思想的发展创新。

由此可见，新中国几代领导人都高度重视中华优秀传统文化发展问题，都从马克思主义原理的角度对中华优秀传统文化的发展指明了原则和方向，为在思想政治教育中传承发展好中华优秀传统文化，促进二者的深度融合提供了根本遵循。

二　高校思想政治教育与中华优秀传统文化融合发展的历史逻辑

马克思主义与中国实际情况相结合，与中华优秀传统文化相结合，在近代中国跌宕起伏的历史中指导中国人民顽强奋斗，实现了救亡图存和发展壮大，使得中华民族的伟大复兴成为即将实现的现实。在中国共产党的领导下，在革命、建设与改革的长期历史实践中，马克思主义与中华优秀传统文化都得到了快速发展，二者不断融合，实现理论创新、实践创新。历史发展到今天，传统文化走进校园已经成为各方的共识，这既是马克思主义的必然要求，也是中华民族发展壮大的必然结果。

（一）马克思主义与中华优秀传统文化的历史碰撞

自哥伦布发现美洲大陆开始，随着全球航海贸易的开展，各个国家、各个民族便被紧密联系在一起了，人类世界的历史冲破了长期的孤立开始汇聚为一部全新的史诗。在工业革命发生后，不同国家、民族之间的交流更加密切，世界各地的经济结构开始发生巨变，世界市场也逐渐形成。1840年鸦片战争后，中国被迫打开大门开始了中外交流与碰撞。在同西方的斗争中，中华民族彼时处于劣势地位，无数仁人志士开始进行救亡图存运动，他们清醒地认识到中华文化到了生死抉择的边缘，中华民族将何去何从，社会各阶层都在考虑这个问题，并不遗余力地掀起了民族大拯救的运动。

中国先后经历了太平天国运动、洋务运动、戊戌变法、辛亥革命等，尽管取得了推翻清王朝统治的重大胜利，但是并没有从根本上改变中国半殖民地半封建的社会性质，中华民族仍然在帝国主义与境内封建压迫中苦苦支撑，落后挨打的局面没有得到根本改变。虽然每一次的变革都经历了失败，但是每一次都带给中国社会最强烈的冲击和变化，同时也为未来的改革积累了最为丰富和宝贵的经验。

俄国十月革命一声炮响，为中国送来了马克思列宁主义，社会主义在俄国的率先实现，极大地鼓舞了中国人民。十月革命的成功如同黑夜里的闪电，为中国带来了光明，那就是全新的马克思主义理论指导的社会主义道路，它具备了科学性，代表了世界先进的生产力，被全球的无产阶级所认可，得到了中国先进分子的拥护，尤其是中国共产党诞生后更是以马克思主义为指导，开展了轰轰烈烈、振奋人心的伟大革命事业。在艰苦卓绝的环境中，中国共产党秉持共产主义伟大理想，坚定人类历史上最为先进的理论自信，领导人民先后开展几十年的伟大斗争，最终使中国发生了翻天覆地的变化，洗刷了百余年的耻辱，使中华民族重新站起来了，建立了中华人民共和国，以全新的姿态，如朝阳、如雄狮，重新面对世界，昭示中华民族的伟大复兴已经拉开了帷幕，中华民族有信心、有能力重新回到本属于我们的位置。

人类历史的发展已经证明，任何一种文化只有与所在时空的生产力发展水平相适应，才能成为推动社会变革进步的力量，否则便会阻碍社会的进步发展。中国近代以来的不同革命方案和救国主张，实际上分别代表不同的文化和价值追求，最终证明都不符合彼时中国的实际需要。只有在中国共产党高举马克思主义大旗后，深深根植在中华优秀传统文化的土壤之中，并积极将马克思主义理论与中国具体实际相结合，开启马克思主义中国化的伟大道路，并实现了伟大革命的胜利。中华传统文化与马克思主在特定的历史时期进行的历史碰撞和相互选择与结合，其结果是现代中国成功的理论飞跃的果实。

同时，在近现代以来的火与血的洗礼下，中华优秀传统文化本身也在力求变革创新，在思想理念、价值追求和精神品格等方面都有所突破，彰显了中华优秀传统文化善于革故鼎新的优良传统，正所谓"日新之谓盛德"①。无数在此理论指引下诞生的新的价值观和理念、高尚的品格，包含了中华民族不忘初心、牢记使命的优良品质。1949 年新中国成立以后，社会主义文化成为中国大地上占主流的核心文化形态，在这一过程中中华优秀传统文化不断为社会主义文化事业输送养料和人才，是社会主义文化发展壮大的重要基础。

（二）思想政治教育与中华优秀传统文化的历史契合

近代以来掀起的新文化运动、五四运动，开始将彼时中华民族的思想解放出来，开始开眼看世界，特别是从马克思主义在中国大地传播开来，中华民族看到了实现自身解放的历史曙光，与此相应的思想政治教育开始出现，从大学生到工人农民的教育轰轰烈烈地开展起来了，最终形成了轰轰烈烈的燎原烈火，成就了伟大的中国革命。

1921 年，在江南水乡的一条红色的小船上，中国共产党诞生了，这是中国共产党在人民群众中多年传播马克思主义的必然结果，也是党的政治思想教育的源头。在成立伊始，中国共产党就开始探索中华优秀传统文化与马克思主义的结合问题。在这一过程中，马克思主义和中华优秀传统文化相互交融、碰撞，擦出了革命的火花，产生了深入骨髓的血肉关系。在革命、建设、改革的各个历史阶段，思想政治教育都是我党带领人民取得最终胜利的重要方式。思想政治教育成为中国共产党的最有力的力量，并且成功进行了土地革命战争、抗日战争、解放战争和解放后的社会主义革命，这些让世人惊叹，让西方人觉得不可思议的大规模的席卷全国的运动，正是马克思主义理论指导的结果，和党的思想教育分不开。在这一过程中，中国共产党在总结历史实践的基础上，提出了思想政治工作"生命线"的重要论断，并进一步将其上升为理论形态，将思想政治教育工作推向了新

---

① 《周易·系辞上传》第五章。

的境界，成为相对成熟的教育方式。

可以说思想政治教育是保障社会主义中国不变色，不走改旗易帜的邪路，不走故步自封的老路的重要保证，确保了马克思主义的指导地位，为社会主义建设培养了可靠的人才，统一了全国人民的思想认识，提升了凝聚力、创造力，保持了社会的稳定发展。在改革开放后，西方的价值理念、政治理念等传入中国，对人们造成了一定的思想冲击，但是在中国共产党的领导下，思想政治教育工作如火如荼地开展，成为拒腐防变的重要举措。在高校，思想政治教育上升为马克思主义理论二级学科，多年的实践形成了诸多符合中国发展需要、具有民族特色的研究成果，为一代代大学生树立了坚定的社会主义理想信念和共产主义远大理想。中国共产党始终站在中华民族的立场上，坚定继承和弘扬中华优秀传统文化，并将之与思想政治教育相结合，成为教人、育人的重要资源，也成为文化传承的重要殿堂。

总而言之，1840 年以来的风云激荡及中国历次救亡图存的尝试，最终诞生了中国共产党，马克思主义指导中国革命取得了最终胜利，同时与中华优秀传统文化相结合相交融，推动中华文明谱写了新的篇章，思想政治教育的使命肩负融合马克思主义与中华优秀传统文化，为中华民族的伟大复兴奠定了坚实的精神基础和理论基础。

三　高校思想政治教育与中华优秀传统文化融合发展的实践逻辑

在中国革命、建设、改革的历史进程中，中华优秀传统文化始终在润泽人心、培育民族精神方面发挥着不可替代的作用。在向第二个百年奋斗目标迈进的当下，人才的德智体美综合发展始终是我们前进的最大动力，这是中华优秀传统文化的优势，也是其肩负的历史使命，因此，在当代的思想政治教育中，将中华优秀传统文化与高校思想政治教育在理论与实践上进行充分结合融通，具有理论和现实的可行性。

（一）中华优秀传统文化的发扬有助于人才培养、树立文化自信

源远流长的中华传统文化，蕴含了中国先贤们的思想精髓，充满了仁义道德的优秀品质，在革命斗争的进程中发挥了巨大的作用，滋养和启迪了中国共产党人的思想和智慧，在社会主义革命建设及改革开放进程中，发挥了不可或缺的作用。在中国共产党的坚强领导下，我们顺利实现了第

一个百年目标，百年风华正青春，站在一个崭新的节点上，面临着前所未有的挑战和机遇。在中国特色社会主义新时代，我们的制度、文化、理论更加具备先进的新时代的特点和性质，具备无与伦比的优势。其中，中华优秀传统文化继续为党和国家的事业提供了重要的精神支撑作用。习近平总书记指出："中华民族在几千年历史中创造和延续的中华优秀传统文化，是中华民族的根和魂。"[①]"抛弃传统、丢掉根本，就等于割断了自己的精神命脉。"[②]"坚定文化自信，是事关国运兴衰、事关文化安全、事关民族精神独立性的大问题。"[③] 同时，为加强对中华优秀传统文化的继承和发展，《关于培育和践行社会主义核心价值观的意见》《完善中华优秀传统文化教育指导纲要》《关于实施中华优秀传统文化传承发展工程的意见》等重要文件相继印发，吹响了中华优秀传统文化强势复苏的冲锋号。

"教育决定着人类的今天，也决定着人类的未来。"[④] 当代的青年大学生，正是这样的一批人，正准备投入复兴中华民族的伟大事业中去，也正因为如此，党特别重视青年大学生的思想教育，党在高校的教育中明确做出了指示，在相关文件中明确指出中国特色的社会主义需要独立的特色的高等教育体系，中国高等院校要坚持走中国特色社会主义道路。思想政治教育是保持高等院校管理不变色的重要环节，具有教育青年树立正确的思想观念、价值取向和科学认知的功能使命。高校更加应该全方位地开展思想政治教育工作，在教学的全过程中融入思想政治的要素，树立高校立德树人的社会主义新时代大学。

因此，将思想政治教育带入高校教育并重点关注是时代的要求，需要帮助大学生认识接受中华优秀传统文化的独特魅力，自觉承担文化传承的光荣使命，不断增强文化自信，发挥青年人的活力与创造力，为中国特色社会主义文化做出贡献；需要将中华民族的文化传承与现代的思想政治教育有机结合，帮助青年学生自觉学习中华文化的历史经验、人文精神、民族智慧，进一步坚定"四个自信"。特别是在步入信息化时代后，在科学技术突飞猛进、物质资料层出不穷的今天，更加需要通过传统文化教育，帮

---

① 《习近平谈治国理政》第 2 卷，外文出版社，2017，第 426 页。
② 《习近平谈治国理政》，外文出版社，2014，第 164 页。
③ 《习近平谈治国理政》第 2 卷，外文出版社，2017，第 349 页。
④ 《习近平关于社会主义社会建设论述摘编》，中央文献出版社，2017，第 57 页。

助青年学生在光怪陆离的信息中，保持清醒，明确自己的使命，坚定追求真理的强烈愿望，进而树立正确的世界观、人生观、价值观，成为德才兼备、可堪大任的社会主义新青年，自觉担负起中华民族伟大复兴的重任。

中华优秀传统文化在世界范围独树一帜，绵延五千年而屹立不倒，这本身就已经充分说明中华优秀传统文化的独特魅力和高超智慧。随着中国国力的持续提升，中华优秀传统文化也在世界范围内大量传播，成为我国参与世界竞争的重要软实力。中国的协和万邦、天下大同的理念，以及"人类命运共同体"理念，都为构建和谐稳定的世界贡献了中国智慧，也为中国争取国际话语权、赢得世界各国尊重、讲好中国故事、促进世界和平与发展提供了源源不断的精神动力和精神底气。因此，中华优秀传统文化在世界文化交流格局中占据了重要地位，是中国开展文化外交的重要依靠。

（二）相融相通的育人宗旨为推进高校思想政治教育与中华优秀传统文化融合发展奠定实践基础

思想政治教育强调以人为本的理念与中华优秀传统文化不谋而合，中华优秀传统文化中突出"民为邦本""本固邦宁"的思想，实现人的全面发展既是马克思主义的内在要求，也是中华优秀传统文化的本质规定。

我国高校思想政治教育坚持以马克思主义理论为指导，贯彻"以人为本"的教育理念，按照马克思主义关于以人的全面自由发展为终极目标的价值要求，采取多种形式对大学生进行教育启发，帮助其树立正确的价值观，既实现自我价值，也实现社会价值，本质上与中华优秀传统文化所提倡的自利利他的理念相一致。因此，中华优秀传统文化与高校思想政治教育在终极目标上是存在一致性的，都注重把大学生的道德品质、思想修养作为重点培养方向，实现德才兼备的素质培养。可见，将思想政治教育与中华优秀传统文化结合起来，一方面有助于帮助大学生提高人生境界，发现生命的真正意义；另一方面有利于激发起"己欲立而立人，己欲达而达人"的远大志气，形成具有中华民族精神的独立人格，并推动形成具有中国特色的、体现中国传统的社会主义现代化文化。

二者的本质是一样的，在追求仁爱和高尚品格修养，以及正义和守信等方面具有相同的特点，是包含许多共同的社会理想和价值理念的。历史与实践证明，在民族危难之际，中华优秀传统文化能够凝聚全民族的强大精神力量，激发出与命运抗争的顽强生命力。爱国主义是中华优秀传统文化的核心内容，中国具有优良的家国同构传统，具有忠孝两全的强烈责任担当，因而在任何历史时期总有舍生取义、舍小家顾大家的民族脊梁出现，这种精神与社会主义核心价值观是不谋而合的。社会主义特色文化是中华优秀传统文化的精髓，是中国精神与当代中国特色社会主义的结晶，拥有相同的价值取向，是中国社会的灵魂，是精神支柱。思想政治教育是与时代主流文化紧密相连的文化活动，社会主义核心价值观必然是其传播的重要内容，需要旗帜鲜明地予以弘扬。

中华优秀传统文化、高校思想政治教育的最终目标是一致的。例如，中华优秀传统文化为世人描绘了理想的社会模样。《礼记·礼运》："大道之行也，天下为公，选贤与能，讲信修睦……是谓大同。"这成为千百年来，历代中国人对美好生活的终极追求。中国共产党的终极目标是实现共产主义，在共产主义社会，人的主体性被充分尊重并得以全面自由发展，这与"大同社会"的理想是完全相通的。终极目标的相通，为二者的融通奠定了根本的基础。当前，中国共产党领导下的中国人民已经完成了第一个百年奋斗目标，正在大踏步向第二个百年奋斗目标前进，这也必然蕴含建设社会主义文化强国的目标，客观要求马克思主义的指导，以及中华优秀传统文化的参与，二者共同推动中国特色社会主义文化繁荣昌盛。

中华优秀传统文化与马克思主义都具有开放性和实践性的特点，这已体现在思想政治教育中。二者虽然起源不同，但是本质相同，在历史大潮流下的碰撞与结合，正是事物发展的必然结果，具备无可辩驳的科学先进性。中国共产党成功地用马克思主义结合中国文化，创新了中国特色社会主义理论，成功取得了革命胜利，并在此基础上，发展了马克思主义理论，具备了更加科学的理论和先进的制度，当今的高校思想政治教育就是要贯彻落实党中央的决策部署，将中华优秀传统文化与马克思主义有机结合，创造性设置课程，科学化出版教材，采取多种方式，将马克思主义的真理与中华优秀传统文化的民族智慧共同运用于人才培养。

高校思想政治教育发展离不开优秀的传统文化，是历史发展的需求，是时代进步的必然，也是新时代社会建设的根本。当前，思想政治教育的作用愈加凸显，我们更要立足思想政治教育所肩负的为国育才的神圣使命，自觉地采取多种方式提高中华优秀传统文化的传播效率，增强思想政治教育的有效性。这将激励新一代的青年能用中华优秀传统文化夯实自身理论基础，抵抗历史虚无主义和现代的享乐主义，才能既做坚定的马克思主义者，也培育具有坚定马克思主义信仰的青年一代；做中华优秀传统文化和中国特色社会主义精神文明的传承者、弘扬者和创新发展者，为理想而奋斗终生，为信仰而奉献青春。

第四章 高校思想政治教育与中华优秀
传统文化融合发展的现状

第一节 高校思想政治教育与中华优秀传统文化
融合发展存在的问题及原因分析

一 高校思想政治教育与中华优秀传统文化融合发展存在的问题

（一）中华优秀传统文化与相关思想政治课程教学内容融合度不高

一直以来，高校学生的思想政治教育主要是通过思想政治教育理论课来开展的，而中华优秀传统文化并没有完全纳入思想政治教育的学习范围。高校教育应当在具体思想政治课程内容中深度融入中华优秀传统文化，中华优秀传统文化可以以元素的形式嵌入或者形成系统的内容表达，但就目前的高校各专业课程开展来说，融合度不高，思想政治课堂教学中的中华优秀传统文化传播收效甚微。首先，在教学内容设置上，很多高校的思想政治教育没能体现优秀传统文化教育的内容，只是把一些传统文化内容作为课程导入或衔接教学内容的过渡形式。这样一来，中华优秀传统文化在课程教学中就只见树木不见森林，传统文化形态的真面目就得不到表现，传播工作就难以落地。其次，教师对传统文化的理解不到位，使得在教学中对融入的内容理解与把控不到位，找不到合理的融入契合点，造成传统文化融入不明确、不准确、不贴切。最后，融入的过程缺乏系统性，各高校所持教材不统一，教师自编讲义内容编排与知识深度存在质量差异，传统文化在教学内容融入中缺乏统一的纲目，以及系统的指导。可以说，在目前的高校思想政治教育中，对传统文化融入的问题并没有给予高度重视。

（二）　中华优秀传统文化的教育教学缺乏实效性

高校思想政治教育中，需要结合更多优质中华传统文化。一部分高校在中华优秀传统文化融入思想政治教育工作中有良效，但可以说大多数高校的相关工作仍然缺乏实效。首先，教学工作者对于中华优秀传统文化的理解存在问题，对中华优秀传统文化的领会与学习不是一蹴而就的，需要教育者自身长期熏陶浸染和系统学习，进一步对大学生进行策略性的教育引导。只有坚持中华优秀传统文化的导向和指引作用，才能更好地发挥思想政治教育立德树人的作用。其次，大部分高校在中华优秀传统文化教育实施工作中缺乏明确的组织结构与分工，顶层设计规划不足，缺乏配套条件保障。中华优秀传统文化在大学生思想政治教育中的育人作用的发挥，是一个持之以恒才可以看到效果的过程，所以，明确的组织结构与分工以保障教学工作的长远安排、教学环境建设、教学氛围的营造，对于中华优秀传统文化融入思想政治教育具有重要意义。最后，大部分高校缺乏中华优秀传统文化教育的系统性思维，与思想政治教育课程的融入机制不完善，教育教学环节设计松散，缺乏专业指导与专项评价考核制度，对于提升大学生的思想道德修养与人文素养方面依旧收效甚微。

（三）　大学生对中华优秀传统文化的认知程度不够

综观目前中华优秀传统文化进高校的现实情况，可以说大学生对优秀传统文化的认识是缺乏的，是有偏差的，大多数大学生在中华优秀传统文化的学习上认知不足。这既与高校的融入工作开展乏力、缺少系统理论教育有关，也与学生固化的学习系统、有限的学习能力、单一的学习环境相关。虽然众多高校率先把中华优秀传统文化课程设置到了本学校的选修课，但仍旧未能激发大学生对中华优秀传统文化知识的学习兴趣和热情。同时，伴随课程教学缺乏、大部分高校也缺少实践活动支撑的问题，中华优秀传统文化的时代价值与大学生思想政治教育过程存在脱节现象。很多学生热衷轻松、娱乐具有观赏性的电视、网络节目、报刊等，碎片化的阅读模式与"下饭"网络节目暂时性的消遣，占据大量课余时间，也就没有充足的课后学习接触传统文化的空闲。此外，受社会评价的影响，出于功利性学习的目的，大学生更偏重实用学科的学习或针对"考证"的学习，对中华优秀传统文化的知识学习不感兴趣，导致知识整体性的欠缺与人文素养的走低。在以上种种主客观因素的作用下，当前大学生缺乏对中华优秀传统文化的正确认识和学习热情，使中华优秀传统文化在大学生思想政治教育中发挥的效果并不明显，给融入工作带来困境。

二 中华优秀传统文化融入思想政治教育的问题原因分析

（一）高校中未能普遍形成中华优秀传统文化的宣传教育氛围

随着高校扩招，以及市场经济的迅猛发展，各个领域的人才竞争、社会竞争日趋激烈。大学生只有具备了专门的技术和出类拔萃的专业技能才能在社会中拥有一席之地，才能在激烈的竞争中获得生存和发展。大学生从进入校园起就着手规划个人学习和未来职业发展，无可厚非地将专业技能学习放在首位。而关于中华优秀传统文化的学习从可操作性、功利性的角度看，对学生的未来发展没有即时性的、一眼可见的实际效用，因此往往不在学生的学业规划范畴中。从学校的角度看，很多高校内部虽然设置了专门的传统文化实践课程，但是活动的形式却非常表面化，并没有对传统文化的细致分析和专项体验，高校传统文化的学习设置形式大于内容，娱乐大于学习，中华优秀传统文化要么被束之高阁、成为摆设，要么浅尝辄止、虎头蛇尾，高校教育并未在传统文化传播上发挥出应有的作用，并未营造出可持续发展的中华优秀传统文化宣传教育氛围。

（二）中华优秀传统文化的当代价值有待挖掘

在全球化获得充分发展的今天，世界各国乃至每个人都不可避免地受到外来文化和多元化思想的影响，因此坚守自身的精神家园就变得越来越重要。自近代以来，西方文化价值观念的涌入给我国文化传播带来了很大程度的影响。在泥沙俱下的西方文化冲击下，人民大众对中华优秀传统文化积极影响认识不足，在传统文化传播中对中华优秀传统文化的当代价值的挖掘不足。中华优秀传统文化蕴含着治国理政的具体经验、道德伦理和生存智慧，是我们应大力传承的文化基因。中华优秀传统文化提出的价值理念表达了人类共同的道德基础，其具有现代价值和世界意义。对于当代大学生来说，要用更加全面的态度看待传统文化，坚持自己的文化身份，坚持中华优秀传统文化与马克思主义基本原理相结合、与中国特色社会主义的新时代精神价值相融合，合理吸收外来文化的优秀成分，打造出自身独特的文化生命力。

（三）全球化时代外来文化传播的冲击

在全球化时代，中国传统文化受到了很大冲击，有很多大学生饮食西化、过洋节，但对我国的优秀传统文化知之甚少。

面对外来文化的冲击我们不能带有民族主义情绪一味盲目地排外，认为没有吸收外来文化的必要性，而要客观、包容的去看待。我国的传统文化有充分的包容性，正因为此，经过几千年的演变传承仍旧能生生不息。我们要坚持保护好我们的传统文化，并将外来文化中优秀的能量吸收进来去充实我们的传统文化。面对外来冲击，我们也要将传统文化中糟粕的部分加以去除，去伪存真，择良传承。面对外来文化，只有用开放的眼光和心态对待才能让我国传统文化在新的时代中不断创新、不断进步。为了顺应时代的需求，传统文化也需要紧跟时代步伐加以创新，不断注入新鲜血液，激发传统文化的活力。

（四）思想政治教育工作者的中华优秀传统文化知识相对薄弱

在与传统文化进行融合的过程中，思想政治教育工作者需要承担更加关键的引导作用。就目前而言，在推进中华优秀传统文化融入高校思政课程过程中，高校思想政治教育的师资业务水平尚可，但中华优秀传统文化知识层面的储备相对薄弱，严重制约了教育教学实践效果。首先，不少教师传统文化知识素养匮乏，不能有效满足授课需求，一方面是因为专业差异，思政课程教师难以兼备中华优秀传统文化知识，老师们固守本学科、本专业，逐渐形成了牢固的专业壁垒，同时由于方向性的学术研究，教师们在研究层面也不愿意过大拓展教学边界，不愿意在教学上与自身研究领域有太大距离，主观上拒绝传统文化知识；另一方面是因为思政课教师自身对中华优秀传统文化的学习热情和兴趣不大，不愿意拿出精力、时间投入相关的自我学习和提升中。其次，不少教师对中华优秀传统文化知识理解不到位、不全面。在对待中国传统文化知识的态度上，出现消极、僵化的反应，认识不到传统文化的现代价值，更有甚者，将传统文化视为封建糟粕，对本就内涵颇丰的中华优秀传统文化知识不够熟悉，自然很难运用到实际工作当中。最后，不少教师对中华优秀传统文化践行不足，出现了知行脱节、表里不一的状况，制约了中华优秀传统文化进入课堂实践的深入发展。不少教师在传统文化实践上的自觉性和积极性严重不足，存在大量知识盲区，一些教师缺少践行持续性，践行方式单一单调，方法陈旧僵化。可以说中华优秀传统文化融入思想政治教育的成功与否关键在于思政工作者的理论传播力与影响力，因此需要加强师资队伍的培训从而使优秀传统文化教育取得长足进展。

第二节　高校思想政治教育与中华优秀传统文化融合发展的机遇和挑战

一　高校思想政治教育与中华优秀传统文化融合发展的机遇

党的十八大以来，迈入新时代的中国特色社会主义事业形成了"五位一体"总体布局，铺展了实现中华民族伟大复兴的新画卷，开启了社会主义现代化建设的新纪元。将我国建设成为富强民主的社会主义强国，是开展思想政治教育的最终目标，需要从教育的角度出发，始终以立德树人为目标，保证素质教育的全面性，培养符合社会需求和时代需求的专业型人才，对教育资源进行合理配置，促进社会经济文化的稳定进步。在新的时代背景之下，高校思想政治教育体系需要进一步完善，需要与优秀的中国传统文化深度结合。

（一）新时代高校思想政治教育的战略定位带来创新发展机遇

党的十八大以来，中国特色社会主义迎来了关键阶段，思想政治教育得到了学术界以及教育界学者的关注，党和国家多次召开工作会议，高度强调高校思想政治教育在国家当前发展中的深远意义，明确了当今高校思想政治教育要担负起的时代责任，这为高校思想政治教育提供了全新的发展机遇。

2021 年，习近平总书记前往清华大学进行考察，在考察的过程中，习近平总书记多次重申党和国家对高等教育和人才的迫切需求，他强调："广大青年要肩负历史使命，坚定前进信心，立大志、明大德、成大才、担大任，努力成为堪当民族复兴重任的时代新人，让青春在为祖国、为民族、为人民、为人类的不懈奋斗中绽放绚丽之花。"① 2020 年有关调查显示，绝大多数青年对中国特色社会主义道路由衷认同，对实现中华民族伟大复兴充满信心。青年学生要进一步提升对自身的要求，提升自身的综合素养，树立正确的认知观念，不断从中华优秀传统文化、革命文化、社会主义先进文化中汲取养分，特别注重从源远流长的中华文明中获取力量，在社会主义环境下实现全面发展。

（二）党在治国理政中为中华优秀传统文化的广泛运用带来传承弘扬机遇

党的十八大以来，以习近平同志为核心的党中央勇于实践、善于创新，深化对共产党执政规律、社会主义建设规律、人类社会发展规律的认识，我们党坚守中华文化立场，在推进社会主义现代化建设的实践中，对中华优秀传统文化进行了创造性转化和创新性发展，运用到国家的治国理政当中，形成一系列治国理政新理念、新思想、新战略。

2017 年，党的十九大报告将"发展中国特色传统文化，为优秀传统文化注入动能"作为中国特色社会主义建设的主要内容之一。2019 年，党的十九届四中全会通过《中共中央关于坚持和完善中国特色社会主义制度，推进国会治理体系和治理能力现代化若干重大问题的决定》，再一次强调了中华传统文化对于中华民族和中华人民共和国发展的关键性作用，同时也提出了"继承中华民族传统文化"的具体要求和标准。2020 年，党的十九届五中全会更将传承发展中华优秀传统文化写入新时代、新征程的远景目标之中。

习近平总书记指出："马克思主义基本原理必须同中国具体实际紧密结合起来，应该科学对待民族传统文化。"② 中国优秀传统文化的丰富哲学思想、人文精神、教化思想、道德理念等，可以为人们治国理政提供有益启示。习近平总书记在纪念孔子诞辰 2565 周年国际学术研讨会开幕式上的讲

---

① 《"青年大学习"：学习习近平总书记考察清华大学时重要讲话精神》，《中国青年报》，https://baijiahao.baidu.com/s? id=1736206137735538529&wfr=spider&for=pc，2023 年 1 月 27 日。

② 习近平：《在纪念孔子诞辰 2565 周年国际学术研讨会暨国际儒学联合会第五届会员大会开幕会上的讲话》，人民出版社，2014，第 13 页。

话中，详细阐述了社会主义核心价值观与中华优秀传统文化的关系。习近平总书记还善于运用中华优秀传统文化的资源来破解当今我国面临的难题，面对当今世界不稳定的因素，习近平总书记从中华优秀传统文化中汲取"和合""和而不同""世界大同""协和万邦"等优秀思想资源，提出了坚持走和平发展道路与合作共赢的思想。

总之，中国共产党不仅高度重视优秀传统文化的传承，更加身体力行地创新传统文化，将中华优秀传统文化的理念运用于执政兴国实践之中，有力地增强了当代青年学生对传统文化时代价值的理解，提升了民族文化自觉与自信。

（三）构建人类命运共同体和深化国际教育交流带来比较借鉴机遇

2013 年 3 月以来，习近平主席多次在国际会议以及活动上表示，在这个世界格局之下，各国之间的联系必然会更加密切，人类生活在一个完整的环境之中，需要构建一个互相包容、互相依存的格局。人类命运共同体这一蕴含着深厚优秀传统文化底蕴、彰显时代特征的创新思想，一经提出就获得了世界各国的广泛认同。与此同时，我国教育也在与世界各国结成人类命运共同体的过程中形成了更加密切的互动交流，能够加深青年对于民族文化的认同和感悟，通过更加正确的认知来传承中华优秀传统文化，为中华优秀传统文化的弘扬和发展提供相应的环境，加强了中外文化的交流借鉴，有益于引导青年学生从世界历史的高度审视中华民族文明的历史地位与时代价值。

一方面，开放的环境给高校思想政治教育带来了提升文化育人实效性的机遇，有利于引导青年学生在当今时代多元的文化交往中坚守中华文化立场。党的二十大报告指出："教育、科技、人才是全面建设社会主义现代化国家的基础性、战略性支撑。"[①] 教育国际交流是我国教育事业的重要组成部分。近年来，国际形势严峻复杂，巨大风险挑战接踵而至，面对多元化的问题，人类命运共同体为教育国际化提供了理念基础。通过构建人类命运共同体的方式，能够在国际环境中构建一个平等交流的平台，让世界

---

① 习近平:《高举中国特色社会主义伟大旗帜　为全面建设社会主义现代化国家而奋斗——在中国共产党第二十次全国代表大会上的报告》，人民出版社，2022，第 33 页。

各国广泛参与进来，促进文化的碰撞与交流，产生更多富有价值的新文化，也为广大教师提供了更加丰富的教学元素，使青年学生能够通过更加具体、鲜活的横向比较，深刻、准确地理解民族与国家的历史与发展，科学、客观地认识世界不同民族的文化特色。

另一方面，人类命运共同体思想彰显了中华优秀传统文化的智慧。习近平总书记洞察世界大势，以深邃的历史眼光和博大的天下情怀，深入思考"建设一个什么样的世界、如何建设这个世界"① 等关乎人类前途命运的重大课题，提出了构建人类命运共同体的重要理念，这一理念具有深厚的中国历史文化底蕴。这一观念的传播与实践有助于巩固青年一代的文化认同，成长为具有命运共同体意识的世界和平守护者。高校有责任在当今世界文明交流、交融、交锋中夯实中华文化的根基与沃土，青年可以通过互相交流的方式拓宽视野，促进个人发展，确立为人类和平与发展贡献智慧和力量的远大志向。

二　高校思想政治教育与中华优秀传统文化融合发展的挑战

传承中华优秀传统文化是发展中国特色社会主义文化的内在要求和重要使命，是高校思想政治教育的题中之义，也是当代青年学生全面发展的必然需要。就目前的情况来看，世界格局的不确定因素越来越多。国与国之间的交往越来越密切，国家发展不断深入，科技蓬勃发展，社会深层矛盾凸显，人们的社会生活和物质生活都呈现出明显的变动趋势，在这样的环境中，想要充分发挥传统文化在思想政治教育领域的积极作用，仍然需要解决很多问题。

（一）多种社会思潮对主流意识形态安全与核心价值观构建的威胁

经济全球化发展已成趋势，世界范围内各个国家之间的内在联系必然会更加密切。随着中国市场经济的不断发展，国际社会关系的日趋复杂，人们的思想价值观念也发生巨大变化。中外文化交流日益频繁深入，多样化的西方文化、价值观涌入国内，相互碰撞，一方面使人们的思维越加活

---

① 杨洁篪：《推动构建人类命运共同体　共同建设更加美好的世界》，《全球商业经典》2021年第 2 期。

跃，另一方面也形成了多种社会思潮。这些社会思潮往往夹杂着西方意识形态，经过语言和形式上的整饬，借助当前极具传播力的网络新媒体等载体广泛传播。多种社会思潮的渗透对我国主导意识形态安全与核心价值观构建既有积极的作用，又有消极的影响。积极、进步的思想内容可以为主流意识形态的与时俱进提供宝贵的时代养分，从而对推动主流意识形态的完善，起到维护我国主流意识形态安全的作用。对抗性的错误社会思潮由于其价值观念与我国主流意识形态存在根本对立，会对我国主流意识形态安全造成威胁，例如反马克思主义思潮会造成人们的思想混乱，淡化和消解人们的政治认同，制造思想领域的复杂局面。错误社会思潮主要通过消解人们对中国特色社会主义的道路认同、理论认同、制度认同、文化认同来威胁我国主流意识形态安全。例如，淡化个人与国家、社会的内在联系和责任、义务关系，消解主导文化与价值观的话语影响力等，这对国家主导意识形态、核心价值观构成了严峻的挑战甚至是威胁。青年学生思想活跃，充满好奇但思想又尚未成熟，易于被似是而非的思想、观点所迷惑。社会思潮具有历史性、复杂性、变化性等诸多特性，如何防止复杂多元社会思潮中的错误思想和文化对青年学生进行侵蚀和渗透，保证青年意识形态的稳定性是重要工作。

对高校思想政治教育工作来说，需要始终以中国特色社会主义为主线，坚定贯彻党的方针政策，将马克思主义理论体系与中国特色社会主义充分融合，保证青年学生的思想正确和政治正确；主动深入青年学生思想的土地，及时播下科学、正确的价值观种子。大学生更应该以正确的态度对待主流意识形态与核心价值观中的精神文化内涵，从内心深处提升民族认同感和自我责任感。

（二）社会发展中的现实问题对青年一代价值观的冲击

改革开放 40 多年来，与西方资本、技术和经营模式、管理体制共同进入国内的还有西方的经济观念、生活方式、思维模式等。改革开放和社会主义市场经济的深入发展，引起我国社会经济结构和价值体系发生了划时代的变革，在社会变革的运行中，自然也使得人们的价值观念和价值取向发生着巨大的变化。高校大学生作为社会年轻的知识阶层，其价值观处于塑造和定型期，这一时期的不稳定性与可塑性是大学生价值观现状的特征，因此，社会发展中的现实问题对青年一代价值观也不可避免地造成了冲击。例如，市场经济发展对大学生的价值观就可能产生多层面的影响，在市场经济的冲击下，对于优秀传统文化和传统伦理道德，使"义""利"观念变得模糊了，对高校大学生的价值观确立产生了撞击和影响，使个别学生在价值观方面步入误区。面对新形势下大学生价值观出现的困惑，为高校思想政治工作提出了新的要求，认真研究和探索市场经济条件下大学生价值观变化的新特点，适时采取切实可行的教育对策，这是新形势下高校思想政治工作的重要内容。

高校思想政治教育工作者既要保持清醒的政治头脑，又要清晰剖解社会发展中的现实问题，综合新形势下大学生价值观的新特点，寻找做好大学生思想政治工作的新举措。在对大学生进行引导和教育的过程中，需要以更加正确的态度和更加坚决的方式保证大学生思想的纯洁性和正确性，构建更加完善的价值判断体系。在思想政治教育内容中，融入优质传统文化，为大学生全方位发展提供相应的保障，也能够为国家和民族的蓬勃发展提供更加充足的动力，针对思想政治教育内容的革新和完善，也是后续发展进程中的必经之路。高校思想政治教育工作要多管齐下，做好新环境下的大学生思想政治教育工作，使之确立符合社会主流文化需要的社会主义核心价值观。

（三）新媒体技术对高校思想政治教育工作带来的变革与挑战

近年来随着计算机信息技术的快速发展，社会已经进入了新媒体时代。21世纪是信息技术的时代，各种新兴媒体改变了人们的思维方式、生活方式，短视频、直播App等更是在最大限度上突破了时间、空间、表达形式的限制，互联网技术的发展催生了直播带货等新业态，高度满足了广大人民群众的生活、生产需求。在高校思想政治教育领域，新媒体技术的运用给高校思想政治教育带来了巨大变化，高校思想政治教育水平和教育效果显著提升，与此同时，新媒体时代下高校思想政治教育工作仍然面临着诸多挑战。

网络技术和新媒体是一把双刃剑，而网络信息时代的新变化对大学生产生的影响尤为深远。大学生对于互联网环境以及传播媒介的依赖性比较强，在互联网时代，他们能够通过互联网环境获取信息，对于信息的观点和认知也有一定的独特性，新技术所具有的创新性、开放性、互动性、虚拟性特点正好迎合了他们对学习新鲜事物、获取信息、发表意见的需要，也使得当前高校思想政治教育工作更加困难和复杂。在新媒体的发展背景下，高校可以凭借新媒体的技术手段来进行思想政治教育工作的创新。用新媒体技术能够对学生的整体思想政治情况进行充分的了解，通过大数据技术能够对学生的思想政治工作进行有效指导。同时运用新媒体技术和网络技术，能够对思想政治教育工作进行创新，实现不同高校之间思想政治教育资源的共享。

但我们也应注意到，新媒体的参与门槛低和运行成本低廉，也对高校思想政治教育工作带来诸多挑战。首先，教育的权威性逐渐减弱。新媒体时代下学生可以通过网络自主地获取信息并形成自己独到的见解，学生的个体意识明显增强，高校思想政治教育的权威性减弱。其次，思想政治教育工作者的压力增加。新媒体时代下高校思想政治教育工作者需要结合时代发展的需求更新传统的教育理念，改进传统的教学模式，创新教育方法，提高对学生思想变化的动态把控力度，满足学生的个性化需求，这就对高校教师的教学能力和专业素养提出了较高的要求，教师面临的教学压力大大增加。

总的来看，新媒体的出现客观上拓展了高校思想政治教育的新思路，使高校思想政治教育工作者发挥主动性，以更加积极主动的姿态学习使用时代和社会发展促生的新的教育工具，使网络新媒体成为新时代青年人才培养的重要推动力。

第三节　高校思想政治教育与中华优秀传统文化融合发展的时代诉求

一　聚焦教育根本问题，以党的教育方针为根本遵循

2017 年，党的十九大明确提出要"落实立德树人根本任务，发展素质教育，推进教育公平，培养德智体美全面发展的社会主义建设者和接班人"。[①]

---

① 《十九大以来重要文献选编》（上），中央文献出版社，2019，第 32 页。

在根本培养任务基础上，进一步强调"落实立德树人根本任务"的迫切要求，并且着眼新时代我国教育事业发展全局，为教育事业的后续发展奠定了坚实的基础。2018 年 5 月，习近平总书记提出："培养社会主义建设者和接班人，是我们党的教育方针，是我国各级各类学校的共同使命。"① 集中体现了党对新中国成立以来党的教育方针的继承、丰富和发展，也表达了新时代党推进中国特色社会主义教育现代化的路线方针和行动指南。

2021 年 4 月《中华人民共和国教育法》修订阶段，相关法律条文开始围绕新时代党对于教育的根本要求进行改进，明确"教育必须为社会主义现代化建设服务、为人民服务，必须与生产劳动和社会实践相结合，培养德智体美劳全面发展的社会主义建设者和接班人"，② 从历史的角度出发，站在新的时代环境之下，提升教学质量，充分发挥中华优秀传统文化在教育学体系中的重要意义，为中华民族伟大复兴提供动力。

具体而言，需要从以下几个角度进行分析。首先，强调马克思主义在社会主义理论体系中的重要意义。高校需要首先承担应有的责任，将坚持不懈地传播马克思主义科学理论融入思想政治教育领域之中，另外，融入中华优秀传统文化是高校思想政治教育的内在要求，需要以马克思主义科学世界观和方法论为指导确保其科学性、正确性。其次，坚持"四为"的根本宗旨。中华优秀传统文化融入高校思想政治教育，要同党和国家事业发展要求相适应，同中华民族的伟大梦想相契合，才能释放出育人、化人的生机与活力。最后，以立德树人为最终任务，培养更多符合时代要求，能够满足中华民族伟大复兴需求，能够自觉承担相应责任的、德智体美劳全面发展的优质人才。在培养人才的过程中，中华优秀传统文化和民族感情是将思想政治教育与人才连接的纽带，其中所蕴含的哲学思想和道德追求，能够转化为促进人发展和进步的动能；中华优秀传统文化是中华民族赖以生存和发展的宝藏，在传承和发扬的过程中，大学生必须要树立更加强大的文化自信，从自身文化的角度出发，提升中华民族传统文化的影响力和传播能力，自觉承担起文化传播者这个职责。

中华优秀传统文化的历史意义与时代价值决定了其在落实立德树人根

---

① 习近平：《在北京大学师生座谈会上的讲话》，人民出版社，2018，第 5 页。
② 《中华人民共和国教育法（2021 修正）》第一章第五条，中华人民共和国主席令，第八十号。

本任务中的重要地位和作用，中华优秀传统文化是深化中国特色社会主义教育的重要内容和落实立德树人根本任务的重要基础。站在历史、现实和未来的交汇点上，加强优秀传统文化教育是促进当代青年一代全面发展的必然要求也是重要支撑，要把中华优秀传统文化全方位融入思想道德教育、文化知识教育、艺术体育教育、社会实践教育各环节，尤其是要将中华优秀传统文化融入思想政治教育，这是新时代高等教育理应担负起的一项重要任务。围绕新时代党的教育方针对高校思想政治教育、对大学生培养提出的具体要求，教育引导大学生传承中华优秀传统文化，弘扬中华传统美德，明确推进中华优秀传统文化融入高校思想政治教育的基本遵循，是开展具体融入实践的前提和基础。

二 坚守中华文化立场，以"双创"原则为实践指南

中国特色社会主义进入新时代，一方面意味着前所未有的辉煌成就，另一方面也意味着新的挑战与机遇并存。增强文化自觉与文化自信，推进中国特色社会主义文化深入发展的重要意义越发凸显。中华优秀传统文化中蕴含着丰厚的文化滋养，如何在传承的基础上将其运用于新时代，使之在新的历史条件下继续延续中华民族的文化血脉，为时代文化奠定坚实历史基础成为一个重要的问题。党的十八大以来，党和国家越来越关注中华优秀传统文化，就当下的情况来看，中华优秀传统文化的传承迎来了新的环境和契机。

任何一个国家经济的蓬勃发展，都是以文化的传承为前提的，所以更应该以更加积极的态度处理文化传承的问题，习近平总书记指出："中华文明源远流长，蕴育了中华民族的宝贵精神品格，培育了中国人民的崇高价值追求。"[①] 将本国的实际国情与世界各国的发展经验充分结合，能够有效提升文化的传承效率和发展效率，不能抛弃传统，抛弃传统就等于将自身的精神命脉彻底割断。此外，习近平总书记指出："要坚持古为今用、推陈出新，有鉴别地加以对待，有扬弃地予以继承。"[②]

习近平总书记指出："每一种文明都延续着一个国家和民族的精神血

---

① 《习近平谈治国理政》，外文出版社，2014，第158页。
② 《习近平关于社会主义文化建设论述摘编》，中央文献出版社，2017，第140页。

脉，既需要薪火相传、代代守护，更需要与时俱进、勇于创新。"① 这实际上是对中国共产党对待传统文化一贯秉持的原则的继承和超越。他认为，"要坚持古为今用、以古鉴今，坚持有鉴别的对待、有扬弃的继承，使之与现实文化相融相通，共同服务以文化人的时代任务。"② 党对待优秀传统文化的立场、观点、思想一脉相承，与时俱进，强调突出新时代的特征，展示了中国共产党人不断提升自身传承中华优秀传统文化的主动性、理论性、科学性，不断拓展中华优秀传统文化传播空间与维度，形成了中国共产党人既一脉相承又超越发展的科学传统文化观，展现了当前党和人民的文化自觉和自信。

习近平总书记强调："要认真汲取中华优秀传统文化的思想精华和道德精髓，大力弘扬以爱国主义为核心的民族精神和以改革创新为核心的时代精神，深入挖掘和阐发中华优秀传统文化讲仁爱、重民本、守诚信、崇正义、尚和合、求大同的时代价值，使中华优秀传统文化成为涵养社会主义核心价值观的重要源泉。要处理好继承和创造性发展的关系，重点做好创造性转化和创新性发展。"③ 这从本质要求与科学方法的维度透彻回答了如何继承和弘扬中华优秀传统文化的问题。在继承优秀传统文化的过程中，不能盲目继承，更不能走马观花，而是应该通过"创造性转化"的方式，保证文化的精髓，使中华民族最精华的文化基因获得富有时代感的表达形式。要重视中华传统文化研究，采用转化的方式，通过创造性转化、创新性发展，将传统文化转化为能够促进社会进步和发展的优质文化，把长期以来我们民族形成的积极向上向善的思想文化充分继承和弘扬起来，使之与现实文化相融相通。

中国优秀传统文化的发展需要与时俱进，在创新的过程中，也需要融入一定的时代特征，中华民族作为一个拥有千年历史传承的民族，在传承历史文化的过程中，应该持有更加积极主动的态度。这就要求我们不断促进中华优秀传统文化与时代精神相结合，为中华优秀传统文化补充、拓展、完善新的时代内涵，不断增强其影响力和感召力。在传承文化时，需要以

---

① 习近平：《出席第三届核安全峰会并访问欧洲四国和联合国教科文组织总部、欧盟总部时的演讲》，2014，人民出版社，第 17 页。

② 《习近平谈治国理政》第 2 卷，外文出版社，2017，第 313 页。

③ 《习近平谈治国理政》，外文出版社，2014，第 164 页。

更加坚定的信念和更加积极的态度应对问题、立足全局、立足当下，创造出更多符合时代发展需求的优质文化，传承中华优秀传统文化，中华民族传统文化能够展现出极强的竞争力和韧性，而当代青年也应该以此为出发点，立足实践，以更加积极的态度保障文化的传承与发展。

中华优秀传统文化蕴含的思想精华及其重要价值与高校思想政治教育创新发展的时代需要形成呼应，有力地促进了新时代中华优秀传统文化与高校思想政治教育的深度融合。高校思想政治教育要融入中华优秀传统文化，同样也要用社会主义先进文化引领大学生明确文化传承与发展的正确方向。在对社会主义核心价值观进行弘扬的过程中，需要从中华优秀传统文化的角度出发，寻找其中的共性特征，将其作为中国人民生存和进步的精神思想源头。

对于中华儿女来说，中华优秀传统文化起到的精神促进作用是不可替代的。同样，社会主义文化的方向则为新时代背景下的优秀传统文化指明了蓬勃之路。中华优秀传统文化与社会主义先进文化先后产生于同一片中国大地上，彼此之间具有不容忽视、不可否认的继承发展关系。因此，从中华文化立场的角度出发，要树立更加正确的文化观念，始终坚持走中国特色社会主义道路，保证意识形态的稳定性，在继承历史的基础上发扬历史，从历史中提取精髓。

文化的传承是信息的传递，是理念的革新，也是思想内涵的传承，对于青年大学生群体来说，文化传承能够保证自身发展的大方向相对正确，大学生在成长过程中需要应有的指导和约束。对于青年群体来说，需要进一步加深对四个自信的理解，树立科学传统文化观，坚持创造性转化、创新性发展的实践方法，引导青年树立正确的价值体系，帮助青年实现全面成长为能够"立大志、明大德、成大才、担大任"[①] 的时代新人。

三　立足思政阵地渠道，科学制定融合发展基本思路

在新的发展时期，高校思想政治教育已经有了新的变化，高校思想政治教育需要从多角度、多领域发掘内容，中华优秀传统文化是我们民族宝贵的精神财富，也是高校思想政治教育需要深入融合的领域。优秀传统文

---

① 习近平：《坚持中国特色世界一流大学建设目标方向 为服务国家富强民族复兴人民幸福贡献力量》，《人民日报》，2021 年 4 月 20 日。

化与高校思想政治教育的结合，一方面服务于实现立德树人根本任务，另一方面弘扬中华文化，使之在青年一代中接续传承，这已经在很多高校的教育实践中进行了有益的探索，国内多个知名学府将思想政治教育与中华优秀传统文化深入融合，使马克思主义理论的真理扎根于本土，增强广大师生的认同感，已经率先取得一定的实践经验，为当前高校思想政治教育实现培育时代新人的时代使命提供了有益的参考。以新时代的历史方位为原点，在前人的经验基础上对这个问题再次进行梳理和思考，就是力求将这个有意义的实践性课题向前推进一步。

（一）深度挖掘中华优秀传统文化的精髓要义，激活时代价值

在新时代，优秀传统文化展现的突出时代价值已经形成广泛共识，为了更好地引入优秀传统文化，促进高校思想政治教育发展，首先应明确其现阶段的时代价值，并将其作为逻辑基础。要深度挖掘阐发中华优秀传统文化的精髓要义，用马克思主义真理的力量激活中华优秀传统文化的生命力。在几千年的历史演进中，中华民族孕育了博大精深、璀璨绚丽的中华优秀传统文化，这些优秀传统文化记载了中华民族在长期奋斗中开展的精神活动、进行的理性思维、创造的文化成果、体现的精神追求，其中最核心的内容已经成为中华民族最基本的文化基因。只有坚持把马克思主义基本原理和中华优秀传统文化相结合，深度挖掘中华优秀传统文化的精髓要义，激活中华优秀传统文化的时代价值，并将这些精髓要义融入高校思想政治教育，才能唤醒深藏在每个青年内心深处的中华优秀传统文化精神基因，铸牢中华民族共同体意识和家国荣誉感，让青年明确"从哪里来""向哪里去"，坚定实现中华民族伟大复兴的信心。

激活中华优秀传统文化的时代价值要注意科学对待中华优秀传统文化。传统文化跨越时空、超越国度，经历漫长的农耕文明，其中包含复杂的优秀内容和落后成分，精华与糟粕互相渗透，互相交融。要深入挖掘研究、积极融入运用，深度挖掘中华优秀传统文化的精髓要义，就是要清楚辨析，要按照马克思主义科学方法论，科学审视，进行"去粗取精、去伪存真、由此及彼、由表及里"[①]的科学操作。在辨析的基础上精准选择，再进一步

---

① 《十四大以来重要文献选编》（下），人民出版社，1999，第 2541 页。

与高校思想政治教育相融合。基于科学的理论和观点指引，对传统文化的科学操作要注意将马克思主义的立场、观点和方法融入中华优秀传统文化的研究中去，以时代精神激活中华优秀传统文化的生命力，使中华优秀传统文化迸发出强大的精神力量，提升青年人对中国特色社会主义先进文化的认识、理解和认同。

（二）结合时代定位与使命要求，重新选取、解读和阐释中华优秀传统文化

对于思想政治教育，为了更好地将传统文化与其相结合，需要提取其中的有意义和价值的内容，因此首先需要确定择取标准，结合时代定位与使命要求，重新选取、解读和阐释中华优秀传统文化。

要把继承中华优秀传统文化和弘扬时代精神结合起来，使中华优秀传统文化具有当代价值，更好地继承和弘扬我国人民在长期实践中培育和形成的传统美德，坚持马克思主义道德观、坚持社会主义道德观，在去粗取精、去伪存真的基础上，坚持古为今用、推陈出新。具体来说，要根据思政课的讲授内容和主题，使选取的中华优秀传统文化要素与当代文化、当代青年群体相适应，与现实需求相匹配，加强对中华优秀传统文化的挖掘和阐发，实现中华传统美德的创造性转化、创新性发展。要积极探索将中华优秀传统文化融入思政课教学的现实路径。在这个过程中，不能简单地移植或运用，必须根据思政课的讲授内容和主题，在马克思主义指导下，从内容到形式重新选择、解读和阐释中华优秀传统文化，使中华优秀传统文化真正成为思政课的有机组成部分，真正实现二者的有效融合。

在新的发展时期，高校思想政治教育有了新的目标，需要以立德树人为目标。因此，中华优秀传统文化融入高校思想政治教育的内容选取，应当结合时代定位与使命要求考虑，一是在目标上注重结合立德树人根本任务，判断是否能够促进大学生坚定理想信念、推进社会主义核心价值观培育与践行。二是在内容上注重结合"两个一百年"伟大奋斗目标，辨析是否符合中国特色社会主义现代化发展方向。三是从逻辑上注重明确教育的出发点和目标，从其内在本质出发，实现马克思主义理论与思政课的融合。四是从情境上注重与思想政治教育工作的融合，判断是否能够在教学活动、

校园文化、社会实践、就业创业等方面，使思想政治教育充分渗透到日常生活中，使其能够更好地感染和说服学生。

（三）结合高校思政教育需求，对中华优秀传统文化进行创造性转化

中华优秀传统文化与思政教育的融合不能随意，经过择取的中华优秀传统文化在进行融入前还应当进行适当的创造性转化，能够与马克思主义理论思想相符合，满足其中的方向性要求，从而顺应新时期的发展需求。

首先，转化融合中要坚持正确的方向，要与中国共产党宗旨、中国特色社会主义方向相符合，从自身内容的角度看，转化首先基于前文中所提到的应当运用马克思主义理论对中华优秀传统文进行筛选，必须用历史唯物主义与辩证唯物主义的理论武器进行过滤与科学转化。

其次，要注意在融合过程中将中华优秀传统文化向思政教育渗透。在此过程中教师要协调好二者之间的关系，分清主次，明确文化融入是手段，而思政教育才是主旋律，二者的融合要注意内容架构搭配得当，组织形式布局合理。

再次，要结合大学生群体的语言习惯、语言风格适当进行表达形式的更新与转化。中华优秀传统文化中富含很多具有深刻哲思和生动活泼的话语表达，从大学生的角度，使其更好地掌握教育内容，要采用大学生适用的、活泼、灵活、现代的话语形式进行表达，通过有效的转化，将优秀传统文化中富有感染力、亲和力的内容合理运用于教育实践之中，以增强教育工作的实效性。此外，马克思主义理论与中华优秀传统文化具有相近相通的思想理念，在教育实践中通过对比、比较，解读两块内容中丰富的理论内涵，实现二者融合的价值重塑，丰富高校思政教育的理论含量，促进优秀传统文化话语的发展。

最后，应当结合时代特点进行转化。优秀传统文化必须根植中国大地的发展与变迁，与时俱进，才能在发展中保持旺盛的生命力。所以，在高校思想政治教育中，教师应当认真研读中华传统文化理论和实践模式，根据时代语境下的具体社会生活内容、社会热点问题、社会实时动态结合传统文化对思政内容进行重组和改造，契合时代挖掘价值，将传统与现代连接起来，以传统观照现代，以现代反观传统，避免口惠而实不至。

(四) 注重文化环境构建，强化隐性渗透

高校思想政治教育氛围的形成与大学生所处的文化环境的关系密不可分。高校思想政治教育除了课堂教学为主阵地以外，还要注意通过校园文化活动的介入，扩大优秀传统文化的影响力和渗透力。校园中的文化环境以学生为目标主体开展各种活动，活动的丰富性和多元性包含极强的渗透作用，这种渗透作用往往不可察觉，但可以在无形中对大学生产生潜移默化的影响。

高校思想政治教育与中国优秀传统文化融合以提升大学生教育效果，可以从改变大学文化环境入手。

首先，校园建设、环境美化中要注意中国美学风格的融入，引入中华优秀传统文化元素进行校园文化氛围营造，一方面进一步提高校园环境建设水平，给予充足的物质保障，包括教室装修、校舍及街道整体设备、校园绿化等；另一方面，在校园美化中营造具有传统文化内涵的"文化场"，使校园环境具有中华文化的标识性和厚重感，通过时时可见、处处可见的中华传统文化元素向大学生不断渗透中华优秀传统文化精神内涵，在大学生心理思维层面产生润物无声的影响。

其次，着力推进校园生活文化建设，注重对学生日常生活的渗透，积极走近学生的生活和内心世界，真正把学生的日常生活作为文化价值建设的出发点，以产生心理共鸣。同时，更有利于提高思想政治教育的接受度。例如，以中华传统节日为载体，举办主题活动，组织学生感受传统节日中的文化内涵和美好思想。或者以重大纪念活动为载体，举办知识类比赛，通过纪念活动和学习、比赛，对学生进行潜移默化的思政教育。

最后，除了物质环境建设之外，也要加强大学生的精神环境建设，通过学术活动、娱乐活动、学生比赛活动等营造高校中浓厚的中华传统文化氛围，例如，定期举办融合思政教育和中华优秀传统文化教育的学术论坛，鼓励师生参与，在学术交流中推进高校对相关话题精神内涵的深入挖掘与广泛传播。此外，还可以以大学生社团活动为依托，开展多种形式的优秀传统文化主题活动，让学生在亲身实践中领悟文化的力量，体会中华优秀传统文化的魅力。

第五章 高校思想政治教育与中华优秀传统文化融合发展的对策

第一节 高校思想政治教育与中华优秀传统文化融合发展的原则

2019 年 3 月 18 日，习近平在主持召开学校思想政治理论课教师座谈会上发表了重要讲话，其中特别强调了"八个相统一"，即要坚持政治性和学理性相统一，要坚持价值性和知识性相统一，要坚持建设性和批判性相统一，要坚持理论性和实践性相统一，要坚持统一性和多样性相统一，要坚持主导性和主体性相统一，要坚持灌输性和启发性相统一，要坚持显性教育和隐性教育相统一[①]。这些作为新时期思想政治教育的主要依据，有利于推动其更好的创新与发展，在开展相关教育工作时应以此作为主要原则，并严格遵循这些内容和标准。在高校思想政治教育中，为了引入中华优秀传统文化，并实现二者的有效结合，应将理论课程作为主要路径。上述原则是实现二者有效融合的基本依据，能够为相关工作开展提供支持，因此在引入中华优秀传统文化时应严格遵循这些原则。

一 坚持破立并举

习近平总书记指出，在新的发展时期应改进和优化思想政治理论课，在开展相关工作时应遵循这项基本原则，"要坚持建设性和批判性相统一，传导主流意识形态，直面各种错误观点和思潮"[②]，在引入中华优秀

---

① 参见《习近平谈治国理政》第 3 卷，外文出版社，2020，第 330~331 页。
② 《习近平谈治国理政》第 3 卷，外文出版社，2020，第 331 页。

传统文化时同样可将原则作为重要依据。这是因为中华传统文化不仅包含了文化的精髓部分，也存在不符合时代要求的部分，在思想政治教育中要坚持对中华传统文化采取"取其精华，弃其糟粕"的方针，坚持破立并举，科学传播。

一方面，中华传统文化中的家国天下情怀、精忠报国精神、和而不同胸怀等宝贵精神，是高校思想政治教育的重要资源，这些思想和精神追求是大学生应该学习的，有利于培养其正确的思想观念，因此在相关课程中应积极引入。另一方面，中华传统文化也包含封建迷信的内容，与社会主义核心价值观格格不入，这些思想的存在和传播是重要的隐患，必须旗帜鲜明地予以反对。因此，在高校思想政治教育中必须坚持建设性和批判性相统一，批判错误内容，继承其精华部分，实现思想政治教育与中华优秀传统文化的科学融合。

在高校思想政治教育中，需要积极引入中华优秀传统文化，而为了实现二者的有效融合，需要遵循上述原则，因此应"挖掘中华优秀传统文化的思想观念、人文精神、道德规范，把艺术创造力和中华文化价值融合起来，把中华美学精神和当代审美追求结合起来，激活中华文化生命力。故步自封、陈陈相因谈不上传承，割断血脉、凭空虚造不能算创新。要把握传承和创新的关系，学古不泥古、破法不悖法，让中华优秀传统文化成为文艺创新的重要源泉。"[①] 在破立并举中，严肃批判传统文化的糟粕内容，坚决杜绝腐朽的文化内容进入思想政治教育课堂，避免在传承中华优秀传统文化中走偏方向。

二　坚持教学与自学并重

在高校思想政治教育中，为了更好地引入传统文化，应该遵循该项原则，即主导性和主体性统一，为了实现二者的有效融合，应明确教师和学生的作用和地位，尊重各自的特点和角色，分析研究大学生学习中华优秀传统文化方面的规律与特点。

一方面，教师在融合传统文化时应明确根本目标，通过开展教育工作培养大学生的思想观念，注重立德树人的基本目标，结合学生的认知特点，

---

① 《习近平谈治国理政》第4卷，外文出版社，2022，第324~325页。

让学生全面了解掌握中华优秀传统文化，在此基础上形成正确的思想意识，实现全面发展，成为顺应时代发展需要的综合性人才。思想政治教育课程的教师要在中华优秀传统文化传播中占主导地位，坚决保证在二者相融过程中始终遵循中国特色社会主义道路，坚持党的领导。

另一方面，在引入中华优秀传统文化的过程中应明确学生担任的角色，将其作为主体，让他们积极主动地了解中华优秀传统文化，学习其中的思想精神，提高思想政治教育工作成效。大学生普遍年轻，思想观念尚未固化，具有很强的可塑性，接受新鲜事物的能力强，因此在思想政治教育中要充分利用好这一点，采取生动活泼的教育方式，增强课程的感染力，教师要以身作则，坚持身教胜于言教，综合起来以最好的方式熏陶学生的学习热情，提高学生本身学习中华优秀传统文化的热情。

三　坚持学用结合

中华优秀传统文化融入大学生思想政治教育，是一项复杂的工程，要想取得实效，必须坚持学用结合的基本原则。中华优秀传统文化既包括诸多知识的传授，也包括人格的养成，其所追求的君子人格是人人可通过修身达到的。因此，在思想政治教育中，一定要认清这一事实，在课堂上传授中华优秀传统文化不仅仅是传授知识，更是帮助学生培养独立人格，提高人生境界。要教导学生做到"学而时习之"，坚持知行合一，将所学用于生活实践的方方面面，最终实现人格的养成、习惯的养成。其中的原理在于，中华优秀传统文化不是凭空产生的，是在漫长的历史实践中总结创造出来的，具有很强的实践性。同时，大学的教育不仅是为了帮助学生认识世界，更为重要的是以先进的思想武装学生，进而由学生去改变世界，而改变世界就必须有先进的思想和积极的实践活动作为基本条件。

在开展思想政治教育工作时，为了实现其与传统文化的更好结合，应严格遵循相关工作原则，即理论与实践统一，主要从两方面落实。一方面，要做好中华优秀传统文化理论知识的传授。将中华优秀传统文化重要内容融入思想政治教育课程，充分发挥知识传播作用。例如，可以考虑开设关于中华传统优秀文化的必修专题课程，在知识层面将中华文明的主要内容及发展脉络讲清楚。另一方面，应积极组织社会实践，让学生在实际情境中学习和弘扬文化。通过理论课程的教授和实践的具体落实，引导学生了解中华优秀传统文化并开展相关调研工作，在此基础上撰写报告。高校应对校内相关社团提供一定程度的帮助和支持，丰富传统文化实践活动，实现其与思想政治教育的充分融合。

第二节　高校思想政治教育与中华优秀传统文化融合发展的路径

一　构建传承中华优秀传统文化的教育体系

在目前关键的人生观、价值观形成的阶段，尤其需要充分发挥高校思想政治教育的功能，帮助大学生树立正确的世界观、价值观、人生观，传承中华优秀传统文化以及党的红色基因。政府和国家教育部门应加大高校中华优秀传统文化教育的资源和扶持，促进高校思想政治教育的推广，健全新时代的高校教育体系，协同发力，为祖国培育思想过硬、知识丰富、大胆创新的复合型人才。并且在高校的教育制度上加以改革和完善，提供传承文化的载体，为高校教育把准方向。中华优秀传统文化与思想政治教育的融合发展，需要充分发挥监督评价机制的指挥棒作用，只有如此，才能更好地推动中华优秀传统文化教育向着内涵式纵深发展。首先要做的就是教育管理部门及教育机构本身加强对中华优秀传统文化的学习掌握。在此基础上，制定在高校实施中华优秀传统文化教育的科学机制。

（一）将中华优秀传统文化纳入教材

在高校教材中融入了思想政治教育的内容，其目的是巩固马克思主义的指导地位和奠定中华传统文化的根基，以往教材的内容和教授方式已经不能适合现代社会思想政治教育的需要，因此我们迫切需要尽快修订教材。首先，要深刻理解马克思主义和中华优秀传统文化之间的相同点和不同之处，精通阐述二者的结晶是新时代中国特色社会主义，在教材上需要融会贯通，将三者无缝对接并且阐述清楚，加强理论研究，以巧妙的方式将具有教育意义的著名历史典故、伦理道德、人生哲学、处事智慧、修身境界等内容编入教材，结合学生特点，妥善进行谋篇布局，加强可读性及可接受度。另外，激发与师生之间的思想共鸣使其内化并提高接收效能。其次，在教材的编制方面，思想政治教育要与中华优秀传统文化有机融合，不能生搬硬套，需要精密地进行思考和安排，组建合理的思想政治教育体系，利用创新课程模式和实践活动，引导学生学习理论并树立辩证思维。

（二）注重教师培训，提高教育者的传统文化素养

首先，高校以往在传统文化教育方面不够重视，甚至是缺乏专业的教师资源。因此，高校目前非常缺乏这一类的复合型师资，需要及时加以扩充优秀文化的传承师资力量。其次，对于教师的思想政治教育也需要加强，教师的一言一行直接影响学生对于学习的态度，因此，对于教师进行规范化的、集中的传统文化的教育非常有必要，也是目前迫切需要解决的问题。这种教师的培训对于提升教师整体的传统文化素养以及增加教师的知识架构内容，起着非常重要的作用。此外，思想政治教育的教师以及高校辅导员要创新工作方式方法，共同提高中华优秀传统文化素养，双方加强协同配合，开展系列相关的思想政治教育实践活动，使中华优秀传统文化融合进入高校行政管理工作之中。值得注意的是，中华优秀传统文化的传承中，身教重于言教，作为思想政治教育的工作者，务必要加强自身修养，发挥好表率作用，推动形成良好的中华优秀传统文化学习氛围，成为中华优秀传统文化的传播枢纽。

（三）充分利用互联网教育资源

第一，创建中华优秀传统文化专门网站，加强文化传播途径。互联网已经成为当代大学生获取信息的重要途径，思想政治教育必须充分利用好互联网这一重要平台，使之成为传播主流文化的重要平台。在创建多样化的主题教育网站的同时，推动线上思想政治教育，结合线下的活动，形成全覆盖的宣传，形成凝聚力。在互联网平台上可以创建中华优秀传统文化专门板块，综合运用文字、图片、视频、音频等形式丰富的文化内容，同时设立研究讨论功能，充分开展学术研究与交流。在网站建设维护方面，应当配有精通思政工作、具有中华优秀传统文化修养、了解网页设计、掌握计算机技术的综合性人才，充分发挥其作用，将网站建设得便于使用、用户体验好、内容丰富。

第二，充分利用新媒体等进行立体化传播。随着经济的发展及科学技术的进步，中华优秀传统文化的传播载体除了传统的报纸、书刊、电视、

广播外，还可以充分运用微博、微信、小程序、大数据、云平台等多种载体，丰富传播途径。同时，可以定期组织大学生观看与传统文化相关的经典影视作品、参观博物馆等，并进行充分的指导解说，让学生们不断产生文化共鸣、提高审美水平，丰富精神世界，增强文化认同。

（四）有效运用其他学科的传统文化资源

中华优秀传统文化涉及方方面面，在各个学科中也均有体现，值得充分发掘。实现理论教育和人文素质教育的双提升，是国家对思想政治教育工作明确提出的要求，这就要求我们要充分挖掘其他学科的思想政治教育资源。首先，文学与历史学科具有丰富的中华优秀传统文化资源，可以充分用于充实思想政治教育内容。其次，要充分运用好与中华优秀传统文化相关的文学与历史经典名著资源，帮助学生了解掌握国家民族的发展历程。最后，要采取生动活泼的方式，将教学内容呈现给学生，增强学生的学习兴趣，在知识结构上与其本有的知识相挂钩，有助于提高学习效率。

二　形成全社会学习传承中华优秀传统文化的良好氛围

中华优秀传统文化融入思想政治教育的过程，受到市场经济环境的诸多影响，需要结合中国特色社会主义文化建设的根本要求，对社会各方资源进行统筹协调，共同形成中华优秀传统文化的强劲发展势头。

（一）社会媒体担负起传承中华优秀传统文化的宣传责任

鼓励利用现代的媒体平台，在社交媒体上传播优秀的传统文化，并且把控新闻报道的准确性、正面性，宣扬青年人敢于担责、勇于拼搏的精神，号召青年人向榜样学习，做好中华优秀传统文化的网络宣传工作。一方面，要持续推出体现中华优秀传统文化的优秀作品，加强创新，符合时代要求，体现时代特色，注重符合青年学生的喜好，配合高校形成学习中华优秀传统文化的良好风尚。另一方面，要充分发挥社会与媒体的功能，利用好其中的中华优秀传统文化资源。要充分利用好文化传播规律，讲好中华优秀传统文化相关的典故，润物细无声地发挥教化功能。要创作宣传优秀作品，旗帜鲜明地歌颂民族精神与民族气节，培养学生的浩然正气，加强中华民族的认同感。此外，在弘扬正气的同时，要积极监测发现市场上流传的传统文化糟粕，及时报送有关部门予以处理，净化文化环境。

（二）加强理论研究工作促进传统文化的现代转换

要以开阔的胸怀，充分发挥社会各个领域的优势。中华优秀传统文化产生发展的经济人文政治等历史环境与现代社会存在较大差别，如果将其照搬到课堂上，可能存在不适应、难读懂等方面的问题。目前，就存在中华优秀传统文化解读不充分、转化不及时等问题。为此，应当以马克思主义理论为指导，立足现代经济社会现实，在对中华优秀传统文化进行审查评估的同时，要认真做好现代化转化的工作。中国传统文化重神不重形，强调万变不离其宗，主张万事皆可入道。因而在中华优秀传统文化现代化转化的过程中，最为核心的是要传递中华优秀传统文化的精神和价值追求，在形式上可以采用符合现代审美、现代阅读习惯的方式并予以变化。只有如此，才能将中华优秀传统文化转化为大学生可以接受的思想政治教育重要内容。尽管文化形式存在变化，但由于坚持了中华优秀传统文化精神，因而也构成了对中华优秀传统文化的继承与发扬。

（三）充分发挥影视作品功能

现在是信息化时代，而信息化时代的人们尤其倚重视听文化的发展。因此，在新时代传播中华优秀传统文化，必须高度重视影视文艺作品的重要作用。影视文艺作品的受众广泛、接受度高、社会辐射面广，能够使人在潜移默化中得到文化熏陶。现代经济高速发展，人们的生活节奏也非常快，对富含精神内涵的影视作品的期待也更高。要采取措施，积极鼓励有关市场主体加大对中华优秀传统文化题材的发掘，创作有中华优秀传统文化内容、体现民族精神的优秀作品，在肩负其传承中华文明重任的同时，也增强我国的文化竞争力，成为我国文化"走出去"的重要形式。例如，近些年摄制的《舌尖上的中国》《中国诗词大会》等节目，就对中国饮食文化、诗词文化等进行了成功的传播，掀起了学习中华优秀传统文化的热潮。总之，传播范围广、艺术审美性强是影视作品的重要特点，在中华优秀传统文化传播过程中，要充分利用这种形式。

三　中华优秀传统文化融入党团组织与校园文化活动

党团组织是学校中非常活跃的力量，也是凝聚青年学子的组织，更是中国共产党的基层社会组织形态。校园文化活动可以充分利用党团组织的影响力和渗透力，充分发挥其特殊优势利用思想政治教育的内容开展实践性活动，弘扬中华民族的优秀文化，并自觉接受思政教育，提高思想水平和道德修养。

（一）开展传承中华优秀传统文化的讲座和读书活动

教育部、国家语委此前印发了《中华经典诵读工程实施方案》，对弘扬传统文化提出了明确目标："到 2025 年，使社会大众尤其是青少年更加热爱中华经典，语文素养和语言文字应用能力显著提升，具有较强的国家通用语言文字规范意识和自觉传承弘扬中华优秀传统文化的意识，普遍具有高度的语言自信和文化自信，国家通用语言文字普及率进一步提升；学校和社会中华经典诵读活动广泛开展，成为品牌，形成长效机制；贯穿大中小幼的中华经典教育体系基本完善，中华优秀传统文化蕴含的思想观念、人文精神、道德规范得到进一步挖掘诠释，展现出永久魅力和时代风采，中华经典教育、诵读、书写、讲解资源基本满足全社会的学习需求；中华优秀语言文化的国际传播更加广泛，全球中文学习者大幅增加，以语言通促进民心通，助力'一带一路'建设，用中国声音讲好中国故事、传播中国思想理念，为增强国家文化软实力打下坚实语言基础，建成与综合国力相适应的语言文化强国。"[①] 为高校开展好经典阅读工作提供了指南。高校有丰富的图书资源和讲座资源，应当充分利用好此类资源开展中华优秀传统文化的学习传播工作。一是要充分发挥图书馆的功能，有意识地多引进优秀的关于中华优秀传统文化的书目、影视等，并采取多种方式向学生进行推介。通过举办读书大赛、征文比赛、朗读比赛、诗词大赛等方式调动大学生的阅读兴趣。二是要积极动员有关教师组织学生开展读书班活动，通过开展读书班活动可以督促学生阅读传统文化书籍的积极性，也可以增强学生与老师的

---

① 《教育部国家语委关于印发〈中华经典诵读工程实施方案〉的通知》，http://www.moe.gov.cn/srcsite/A18/s3129/201809/t20180929_350445.html。

沟通交流，形成良好的学习传统文化风尚。三是要多开展中华优秀传统文化讲座活动，打造专门平台，形成品牌效应。经常性地邀请中华优秀传统文化领域知名专家学者开展讲座，帮助大学生深入充分地领会传统文化精神。

（二）重视发挥党团组织教育功能

大学中要充分利用"三会一课"以及其他组织活动功能，加强对中华优秀传统文化的学习讲解，帮助广大学生厘清中华优秀传统文化与马克思主义的密切关系。在思政课程中，通过讲述党的历史，挖掘党的红色基因，帮助学生更好地体会社会主义文化与中华优秀传统文化并行不悖、相互交融的密切联系。更重要的是，需要强调中华优秀传统文化是如何诠释在马克思主义指导下取得的社会主义制度的胜利的历史必然性。例如，站在"天人合一"的传统文化角度理解我国现代的生态文明建设。要注重在国家重大节假日、纪念日等具有重要意义的日子，开展相应的传统文化教育活动，进一步培养大学生的传统文化修养。此外，要积极鼓励学生创建中华优秀传统文化相关社团，加强指导，在活动场地、活动经费、教师资源等方面予以大力支持，鼓励学生团体自发学习宣传中华优秀传统文化。

（三）注重校园文化活动体验中华优秀传统文化魅力

充分做好中国传统节日的各类庆祝活动，发扬多种多样的民俗文化。传统节日和传统民俗是在漫长的历史演进中形成的，其背后代表了诸多的传统文化背景，是传统文化的重要内容。高校要充分利用好传统节日及民俗的文化符号功能，创造地开展各类庆祝活动，组织学生自发参与创造宣传活动，营造浓厚的传统文化氛围，培养文化自信和文化自豪感。大学校园对于文化的传播和熏陶有着非常好的促进作用，借助校园文化传播广泛、易于大学生接受的特点，将中华优秀传统文化深刻地植入大学生的心里和脑海里。要在校园的各个方面加强中华优秀传统文化的识别符号，在这种潜移默化中使大学生得到熏陶，提升中华优秀传统文化的传播效果。

四 强化家庭教育发挥中华优秀传统文化育人作用

家庭教育与学校教育不能协同是融入工作面临的一大困境，由于家庭教育对人深远且持久的影响是其他教育所不能替代的，故而在教育工作中需要形成科学的引导。比如我们目前提倡的家校共育，也是在学校的教学改革中引入了家庭的作用机制，希望家庭配合学校，共同对孩子进行传统文化的教育，成为优秀文化的推广者、继承者和宣传者。

(一) 家长以身作则传承中华优良家风家教

家长是学生的第一任老师，家庭文化和家风的传承，同样也会潜移默化地影响教育，因此家庭也是思想政治教育的主战场，在传递优秀传统文化的过程中，家庭的作用不可小觑。中国被称为礼仪之邦，其背后的支撑便是中国的家庭重视诗书传家。浓厚的家庭文化氛围，有利于孩子从小熏陶仁义礼智信等传统美德，养成精忠报国的爱国情怀。自古以来，凡是家庭重视教育的，无不以身则，帮助孩子在一个健康的环境中成长，最著名的莫过于孟母三迁的故事。家长自身要加强中华优秀传统文化的修养，同时要注重知行合一，以实际行动为孩子做好榜样，培养良好家风。高校也要发挥自身优势，充分调动教学资源、加强共享，帮助家长做好自身的学习工作。

(二) 激发学生学习中华优秀传统文化的主动性

学习中华优秀传统文化，无论是学校、家庭还是社会的各方面努力，如果没有学生自己的努力学习，都会很难收到成果。因此，在高校思想政治教育中，要充分激发大学生本身的学习热情。一是要帮助学生树立远大志向，坚定希圣希贤的愿望。要将历史上的圣贤、伟人、英雄的故事生动地给学生讲解，要让其明白只要肯努力学习，每个人都可以成为优秀的人，要立定"学以致圣"的志向，主动加强对传统文化的学习。二是要帮助学生树立自省慎独的优秀品格，孔子说"古之学者为己，今之学者为人"[①]，大学生学习中华优秀传统文化的目的不在于掌握知识、炫耀于人，而是要不断地修正自己的错误，雕刻自己的人格，因而要不断地反省自己、修正自己，进行自我约束、自我管理，成为最好的自己。三是要帮助学生树立知行合一的精神，学习的目的不仅仅在于掌握知识，更在于改造自己进而改造世界。通过学习中华优秀传统文化，主动改造自己的思维观念、道德品质、行事风格，由内而外地全面提升。

---

① 《论语·宪问》。

第三节　高校思想政治教育与中华优秀传统文化融合发展的模式

"行之力则知愈进，知之深则行愈达。"① 接通中华优秀传统文化融入高校思想政治教育体系的路径后，就要进一步构建起使各个路径相互联通、形成协同育人合力的实践模式。一方面，使中华优秀传统文化有效转化为育人化人的思想政治教育优势与推动力；另一方面，使高校思想政治教育成为传承民族精神、推进中华优秀传统文化传承与弘扬的基石。

一　全员、全程、全方位协同推进中华优秀传统文化有效融入高校思想政治教育

2016 年，在全国高校思想政治工作会议上，新时代高校思想政治工作的突出地位和重要作用得到了深刻阐释，构建全员、全过程、全方位的"三全育人"工作格局成为发展高校教育的战略要求。正所谓"众擎易举，独力难支"，传承与弘扬中华优秀传统文化作为高校落实立德树人根本任务的重要组成部分和有力支撑，也应纳入"三全育人"思政工作格局的内容之中，应该在马克思主义理论指导下将中华优秀传统文化中蕴含的民族精神、价值理念等与高校思想政治教育的理论与实践结合起来，发挥二者最大的效用。要不断创新育人理念、思路，拓展育人实践、大力提升教师队伍的综合素质和育人水平，摸索和构建中华优秀传统文化融入高校思想政治教育协同推进的理想模式。

首先，为了增强高校思想政治教育的效果，可以运用我国优秀的传统文化，把二者融合起来，需要全体教职员工的共同努力。时代的发展，对高校的学生教育工作提出了新的挑战和机遇，二者的融合是时代赋予高校教师的使命和重任，关系到高校教育立德树人的根本任务能否完成。打造一支专业强、自律严、素质高的思想政治教育队伍，既是立德树人的需要，也是高校传承和弘扬中华优秀传统文化的需要。只有全体高校教职人员队伍率先树立正确的传统文化观，具有较高的中华优秀传统文化素养，才能

---

① 《论语解·序》。

在教学实践中形成浓厚的文化育人氛围，为中华优秀传统文化扎实有效地融入高校思想政治教育提供坚实的基础和保障。要使高校全员参与到中华优秀传统文化的传承、弘扬中，应从以下几个方面着手。

一是要组织一支具有顶尖专业水平的中华优秀传统文化专家队伍。邀请传统文化、历史、民族学等相关专业、领域的教授、学者组成专家小组，针对融入学科的特点和教学方式选取中华优秀传统文化相应内容进行统筹设计，其结合点的选择要具有理论和现实依据，既要有原则地把握也要有自由地运用中华优秀传统文化，并使之具备学科、工作领域等灵活结合的能力。例如，课堂教学与日常管理服务，融入图书馆、校史馆、学生服务中心、学生活动中心的建设与具体工作，融入校园环境建设等。

二是要聘请具有较高理论水平、政策水平、实践经验的校外教育工作者、企事业、机关工作人员等都加入中华优秀传统文化融入、传承的队伍，向校园内的教职人员介绍相关情况，交流经验，拓宽高校教师的文化传承与文化育人思路，形成更加广泛的中华优秀传统文化全员育人队伍。

三是在学校形成以全体教师共同参与的思想政治教育的长效机制。一方面，要搭建教师培养平台，不断更新、壮大、传承中华优秀传统文化，推进文化育人方面专业理论过硬、思想素质突出、理念先进、思维活跃、富有开拓创新精神的思想政治教育工作队伍；另一方面，要建立有效的团队沟通协作机制。根据学科专业、工作属性、工作内容、服务对象、共同兴趣等组成传承传统文化育人小组，定期进行研讨；制定共同的目标和长短期结合的任务清单、实践路线图等，围绕既定方案进行协作分工，共同推进中华优秀传统文化扎根校园，发挥文化浸润和精神滋养的作用。同时，教师团队还可以作为学生组织、学生社团的导师，带领学生共同成为中华优秀传统文化融入校园的推动者，逐步广泛影响全体学生，使之在中华优秀传统文化的滋养熏陶中全面成长，并将教育效果纳入工作考核之中。

其次，以全过程育人为基础，积极探索在高校思想政治教育中融入中华优秀的传统文化，在学生成长的过程中时刻不忘思想政治教育，提高学生的思想政治觉悟。对于如何理解全过程育人以及如何依托其开展融入工作，从教育教学全过程角度看，一方面，应当进一步推进课程思政建设和融入工作，促进教学改革和创新，努力使融入的目标更加清晰、层次更加分明、环节衔接更加紧密；在课程教育与日常管理服务中将价值引导和知识传授相结合、灌输与启发相结合、显性教育与隐性教育相结合，增强教学课堂的历史底蕴与亲和力，增加学习、传承中华优秀传统文化的针对性、获得感。另一方面，从教书育人的内在规律来看，学生从理论认知到价值认同再到实践养成，是一个由向内输入、转化，到向外输出的过程，其中需要知识性理解与积累；也需要思想上接受与把握，还需要在实践中反复验证与固化，这就要求中华优秀传统文化的教育与熏陶也要遵循规律，深入教书育人的纵向过程中，才能产生对学生精神、思想、价值等方面的沁润与引领。

从学生成长全过程看，应当深入把握当代学生的成长轨迹、精神风貌、心理需求，根据青年学生的心理发展和思想认识规律，根据需要把握时机，给他们进行中华优秀传统文化的教育，既要注意避免与小学、中学阶段学习内容的简单重复，提升不同学习阶段有关中华优秀传统文化教育的思想性、理论性、创新性、实践性和主体性，同时也要探索如何使中华优秀传统文化作为民族精神力量之源，与社会教育相衔接，使其教育影响力延伸到学生走出校门后的自我教育与终身学习。

最后，中华优秀传统文化发挥其内在价值还要融入全方位育人的框架。所谓全方位育人，就是要贯通教育全过程：课前、课中、课后；线上、线下；学校内、学校外等各个方位和领域。就校内来看，应当将中华优秀传统文化纳入学校人才培养目标体系进行科学谋划；汇聚宣传部、教务处、学工处、团委以及各学院专业等相关部门的力量，统筹中华优秀传统文化融入高校思想政治教育的规划、指导、实施、监督、考评等环节，形成各部门齐抓共管同时又各司其职的良好互动与循环模式。其中的核心就是要衔接好主渠道与主课堂。基于当今社会科技发展、生活方式转变和青年成长的阶段性特点，创新教育，以新的形式对高校学生进行思想政治教育，通过网络教育平台，把线上和线下有机统一起来，创设浓厚的学习氛围，引起学生的注意和兴趣，提高教育效果。从校外角度来看，以学校为中心，向社会、家庭及各界辐射，汇聚资源，形成合力是实现全方位育人的重要维度。

二 衔接主渠道与主阵地提高育人化人的实效性

"博学之,审问之,慎思之,明辨之,笃行之。"① 知行合一是中华优秀传统文化重要的求学思想,认为育人成才"存其心、养其性"② 是调动学生内心自觉自知,提高理性认识的过程,而"履,德之基也"③,只有付诸实践才能使知识真正转化为自身内在的价值与能力。所以,在对高校学生进行思想政治教育时,要求学生重视实践,在实践中提高自身的能力,也就是在实践中锻炼自己,提高对理论知识的理解和运用能力。教育部早在2014 年就强调传承与弘扬中华优秀传统文化对当代青年学生成长的重要意义,并以指导文件的形式明确提出了将中华优秀传统文化纳入高校课堂和日常教育的具体要求,充分体现出中华优秀传统文化中知行合一的理念。

实现立德树人的教育理念,需要让学生积极参加政治思想理论的学习,提高学生的理论水平,完善学生的理论知识体系,使学生能够正确地认识世界,看待世界发生的各种现象;思想政治教育要求所设课程明确立德树人的教育宗旨,成为教育的主渠道,从而提高育人的效果,引导青年学生具有爱国主义思想、具有制度和文化自信,提高爱国主义思想,培养报效祖国的情怀,让热血青年能主动自觉地为社会主义事业做出贡献,实现中华民族伟大复兴。

日常思想政治工作涵盖社会实践、校园文化、网络阵地、心理健康、管理服务、资助评优、组织建设等诸多方面,是思政课教学的有效延伸和补充,侧重于从理论到实践的转化,重视在学生的日常行为中通过思想教育让他们逐渐成熟,以正确的观点看待世界、人生,形成大学生思想政治教育的"主阵地"。"主渠道"和"主阵地"是在高校范围内,在不同的场景下,用不同的方式发挥着其独特的育人作用。所以,把思想政治教育和中华优秀传统相结合进行教育,要利用"主阵地"和"主渠道"的深入性和普遍性的优势,探索构建中华优秀传统文化融入"主渠道""主阵地"协同育人的良性互动和长效机制,实现思想理论武装与体验感受的结合。

---

① 《礼记·中庸》。
② 《孟子·尽心上》。
③ 《周易·系辞下》。

　　根据以往高校的经验来看，思想政治教育在主渠道与主阵地存在较为严重的相互脱节现象。主渠道具有理论性、知识性强的优势，但是往往远离青年学生的生活实际，不能有针对性地、具体地为学生解疑释惑，实效性相对较弱。"主阵地"贴近青年学生日常学习生活实际，注重在实践中开展教育，但在联系理论方面存在不足，易于出现过度注重现实生活、缺乏价值引领和启示的倾向。二者在教育内容、方法途径上缺乏整合与沟通的现象限制了思想政治教育立德树人的实际效果，也成为制约中华优秀传统文化发挥固本培元、育人化人作用的主要瓶颈。因此，以中华优秀传统文化充分融入高校思想政治教育作为推进主渠道与主阵地有效衔接的契机与内容，具有高度的可行性与可操作性。经过实践可以通过以下几个方面把教育的主阵地和主渠道进行有效衔接。

　　一是实现主渠道与主阵地教师的有效衔接。以思想政治理论课教师为代表的所有课程教师和辅导员都是青年学生成长成才的引路人，他们以实际行动诠释了立德树人的深刻含义，他们肩负着对我国高校学生进行思想教育的重要使命，他们要让学生掌握事物发展变化规律，引导他们扎实学习理论知识，提高自身的理论水平，成长为对社会对国家有用的人才，要提高他们的爱国意识，鼓励他们为祖国建设做出贡献。借助中华优秀传统文化教育融入的契机，高校应当组建以相关领域专家、学科带头人为顾问的思政育人一线教师团队，以专业或年级为单位搭建教师和辅导员共同研讨、相互交流的论坛或平台，取长补短、增进理解，加强二者之间的有效衔接；探索制定教师和辅导员短期轮岗或阶段性兼职的机制，将辅导员请上课堂，将教师请到日常思想政治教育的各个环节，亲身体验不同的育人领域，提高育人本领，深化工作思考；建立同专业或者同年级学生辅导员与教师的协作机制，围绕特定的育人主题、时间节点等开展贯通课上课下的联合工作，提升思想政治教育获得感，形成协同效应和育人合力。

　　二是促进主渠道与主阵地育人内容的有效衔接。思想教育和中华优秀传统文化的融合不能随机而应是围绕学生成长规律与育人根本任务、高校教学规律与目标，结合青年价值观与道德品质形成、科学理论与思辨能力增强、思想文化素养提升的具体需要，以及专业方向和专业课程进度与目标等统筹选取的。课程课堂与日常思想政治教育在融入教育、教学的优秀传统文化内容的选择与设计上也应做到协调互补，避免重复。具体来看，在课堂教学方面，思想政治理论课是按照先"基础""史纲"，后"原理""概论"，贯穿"形势政策"的方式展开的，体现了由浅入深、循序渐进的育人思路；专业课程一般也是按照先公共基础课，后专业课的方式编排，目的也是先夯实理论基础、搭建专业知识结构框架，再进行深入具体的学习探究。从日常思想政治教育角度来看，低年级一般开展大学适应性教育、理想信念教育、价值观引领教育等；高年级一般结合具体问题，更加具有针对性、深入地进行思想政治教育，如择业观、职业道德及修养、正确处理人与社会的关系问题等。不仅如此，在注重中华优秀传统文化融入的针对性的同时，也应注意到融入的科学性，做好科学规划。例如，从通识性教育入手，了解民族历史、文化发展脉络与辉煌成就等，再运用其中的精华进行思想价值理念引导，再具体深入中华优秀传统文化与当今时代、与所学专业等方面的探究性学习与思考内化等。总之，将中华优秀传统文化融入的内容阶段化、具体化分配呈现，能够使其更加系统化地深度融入。

三是推动主渠道与主阵地育人形式的有效衔接。中华优秀传统文化融入思想政治教育的根本目标是立德树人。但是，由于主渠道和主阵地的育人侧重点不同，中华优秀传统文化融入的形式自然会存在差异。如果能实现二者的协同联动，将极大地提升育人效果。根据课堂教学的特点，融入的中华优秀传统文化往往具有抽象性，侧重于选择能够与课程主干内容相衔接的思想、理论、历史典故、人物事迹等。要充分利用课程中的社会热点、课程内容和日常思想教育中的典型案例等，援引中华优秀传统文化的内容、理念或方法，通过课堂讨论、头脑风暴、自学展示、主题研讨、学术交流、知识辩论等形式，引导学生学会利用中华优秀传统文化思想和观点分析问题，寻找破解现实问题的古代智慧，进一步增强思想政治教育理论课堂的文化魅力与思想活力，使理论课堂变得更有参与度、趣味性、有意义。从日常思想政治教育工作角度出发，往往是围绕节点性、阶段性的主题活动，以较为具体的、可体验的、可感知的、参与度较高的形式融入中华优秀传统文化，如传统乐器、戏曲、舞蹈的展演，书法、国画展览，经典诵读比赛等。由此可见，课上偏"文"，体验度、参与度不足；课下偏"武"，缺少理论链接与价值升华。这显然是二者受到各自"教育主场"条件制约造成的必然结果，而如果能围绕教育根本目标，制定详细的目标体系，在共同的主题下，运用科技手段，实行协作联动、交互融合的实践模式，将课内外的学习与实践紧密联系起来，就能够较好地解决这一问题。

综上可知，要发挥主渠道和主阵地的优势，联合起来，以中华优秀的文化为基础进行思想教育，在教育中，既有丰富的内容，又有传统的文化，可以让学生理解更深刻，大大提高了教育效果。同时，让学生对我国优秀文化有了更新的认识，厚植了爱国情怀，启发学生对中华优秀传统文化思想精髓的领悟，可以更好地发挥课程思政建设主渠道的作用；在高校日常生活中加入具有传统文化的政治思想教育，有助于中华优秀传统文化在高校中的传播和转化，青年学生要深入学习了解中华优秀传统文化，了解这些文化的深刻内涵和具有的教育意义，提高他们的自豪感，使思想政治教育更加丰富生动，易于学生接受，在潜移默化中得到了教育，积极发挥主阵地的优势。由此看来，设计具体、切实、可操作的方案，进一步推进中华优秀传统文化融入高校思想政治教育主渠道和主阵地，将有效衔接变为长效机制，形成主课堂、主渠道内化，主阵地外化，全体教师协同育人，联动反馈的育人模式。这不仅有助于传承中华优秀传统文化，还在推动高校教育改革创新，提升高校教育的文化底蕴与感染力、实效性方面具有积极作用。

三　运用"互联网+"模式加强线上文化浸润与引领

习近平总书记曾指出："时间之河川流不息，每一代青年都有自己的际遇和机缘，都要在自己所处的时代条件下谋划人生、创造历史。"[①] 当代青年大学生来自五湖四海，有着不同的家庭环境和成长经历，但他们的机遇与机缘都是在中国经济高速发展、科学技术日新月异、物质条件空前优渥的时代背景下获得的。青年在这样的时代中成长，他们同样也肩负着历史的使命。他们有热爱祖国、乐观向上、彰显个性、善于接受新兴事物、富有创新等诸多鲜明特点。当今社会科技发展迅猛，在互联网技术支持下有了网络平台，移动网络、智能手机设备和各种软件、新媒体为他们日常生活学习提供了新的视野，他们处于网络包围中，不论何时何地基本都可以上网，网络为他们节省了大量的时间和精力。面对新时代，互联网功能强大，为青年打开了新奇的世界，也为他们赢得未来打下了基础。

---

① 《习近平谈治国理政》，外文出版社，2014，第167页。

在高校的教育中，互联网为课程创新提供了技术基础，打破了传统的治学求知的方式，给学生带来了重大的影响。尤其是移动互联网、新媒体技术的兴起和发展，在帮助大学生开阔视野、方便获取信息的同时，也对大学生的学习、生活和思维方式产生了重大影响。在大时代的背景下，引领青年一代的思想与价值，就要直面当代青年学生的成长背景和代际特征，深入把握其思想状态、实际需要和心灵困惑，充分尊重青年学生的主体地位，遵循其发展规律和人格个性，以青年人喜闻乐见的互联网、新媒体、社交平台等形式贴近其精神脉动，实现思想引领。

面对发展变化迅速的今天，高校的思想教育也要积极自我革命，有效转化中华优秀传统文化，创新文化载体和形式，充分运用互联网技术与平台的支撑，运用打造精良的中华优秀传统文化网络平台、公众号、微博、抖音等广泛传播中华优秀传统文化的思想精华；通过将节气、传统节日、风俗、典籍故事等生活化中华优秀传统文化内容嵌入青年一代浏览度较高的互联网媒体；开发制作易于获取、呈现生动的传统文化电子典籍图书馆、传统文化动画作品、游戏产品等多样的方式，提高中华优秀传统文化"出镜率"，形成线上线下一体化浸润引领模式。

首先，在设计"互联网+中华优秀传统文化"模式的内容时，我们应当结合青年大学生的成长规律，分学龄、专业和人群有针对性地进行设计。要使当代青年大学生能够主动接受中华优秀传统文化的思想滋养，形成正确的价值追求，就要综合考虑他们在家庭、学业、情感、社会等多方面受到的影响与产生的感受，尤其要把准他们所承受的压力、迷茫、困惑、忧伤，引导他们坚定信心、帮助他们寻找方向，激励他们成长成熟。在这个过程中，与家长和教师的说教不同，运用互联网平台将中华优秀传统文化的哲学理念、思想精华、中华民族历史赓续中涌现的英雄典故、感人至深的奋斗事迹、爱情故事、滋润心神的乐曲诗歌等呈现给青年学生，能够不断给予他们精神世界更多的思想支撑和人文关怀，并且通过适当地给他们的思考与成长"留白"，能够培养他们形成独立的思考与辨别力，对中华优秀传统文化产生情感共鸣，成为民族文化的传承者、弘扬者。具体来看，当代青年在校期间，在低年级要处理大学生活模式、人际关系、学业与实践关系等适应性问题；到了高年级往往更加关注学业、就业、升学等与个人发展相关的具体问题。贯穿其中的是不断引发自身深入探究的价值取向、理想信念、人格塑造、道德追求等问题。围绕这些具体的问题，进行中华优秀传统文化的筛选设计和"互联网+"模式传播，靶向推送，将有效提升青年学生对中华优秀传统文化的认知和认同。

其次，在实践"互联网+中华优秀传统文化"模式过程中，应当充分联合学校党委、学生处、教务处、团委等相关部门与各个学院紧密协作，汇聚全队力量，整合优势资源，制定统一的中华优秀传统文化融入思想政治教育网络育人平台实施方案，整合优势资源，形成层次清晰，具有鲜明特色的融媒体中心，加强"互联网+"模式中的互动、联动与反馈，呈现出更多的具有针对性、亲和力的、获得感的中华优秀传统文化线上育人作品，形成与线下教育形式呼应互补，切实增强中华优秀传统文化对大学生思想与精神的浸润与引领。

四　构建文化传承的学校、家庭、社会多维支撑

老子认为："执古之道，以御今之有，能知古始，是谓道纪。"① 意思是说，运用历史上积累的思想能够帮助我们理解和解决今天面临的问题，展现出了中华民族鉴古知今的哲学智慧和历史观。在新时代背景下，对教育要进行重新思考，要从根本上解决培养什么样的人、怎样培养和为谁培养等问题，要重新认识中华优秀传统文化在教育中的重要地位。党的十八大后颁布了《完善中华优秀传统文化教育指导纲要》《关于实施中华优秀传统文化传承发展工程的意见》《高等学校课程思政建设指导纲要》等，表明了中华优秀传统文化对大学生的教育有很重要的意义。其中不仅强调了中华优秀传统文化融入高校教育的重要意义，还明确指出家庭和社会也应该营造浓厚文化氛围，与高校协同起来，一同担负起传承弘扬中华优秀传统文化的责任。

（一）将中华优秀传统文化寓于家庭、家教、家风

在中华民族的历史文化和社会结构中，家始终占据重要的位置。从历史文化角度看，中华文化中的家国情怀、忠孝仁义等重要的元素都从家庭中萌发延伸，"孟母三迁""岳母刺字""画荻教子""卧冰求鲤""黄香温

---

① 《道德经》第十四章。

席"等历史典故都讲明了家庭对文化传承的重要意义。家庭和社会密不可分，家庭是社会的最基层，家庭稳定可以保证社会安定，家庭发展可以促进社会的发展。从国家角度看，家国同构、家国情怀都体现出家庭对国家繁荣发展的重要性。从中华民族的社会理想看，家庭也是实现"天下大同"社会的立足点和价值指向。东汉学者荀悦曾著《申鉴》总结历史经验供统治者借鉴，他继承了孟子"天下之本在国，国之本在家，家之本在身"和《大学》中"修身""齐家""治国""平天下"的思想，指出"问明于治者其统近，万物之本在身，天下之本在家，治乱之本在左右，内正立而四表定矣"，从治理的角度强调了家庭幸福和睦对社会稳定有序、国家政通人和的基础意义。历史证明，家庭既是中华优秀传统文化中诸多价值理念、道德修养、思想精华的原发地，也是传承中华优秀传统文化，构建社会文明的基石。正所谓，"家之正则国之定"。要重视家庭重视家风，传统美德给予了我们精神力量，是支持我们奋勇前行的精神财富。

因此，在新时代传承和发展中华优秀传统文化，就要将尊老爱幼、诚实友善、勤俭持家、家和万事兴，"爱子，教之以义方"[1] 等传统精华融入新时代家庭教育，通过塑造良好家风、制定家训和家规等感染教导家庭成员，营造相亲相爱、互敬互重携手并进的和睦温馨的现代家庭。孩子的成长离不开家庭环境的影响，在家庭的日常生活中要善于以中华优秀传统文化中蕴含的美德、价值理念等进行良好的家庭文化浸润和成长教导，才能培养青年形成正确的价值观念、良好的道德品质，自觉、主动积极地学习、研究、运用中华优秀传统文化，与学校教育形成合力，为社会文明、社会风气建设注入正能量。

（二）将中华优秀传统文化融入现代社会建设

"人们的观念、观点和概念，一句话，人们的意识，随着人们的生活条件、人们的社会关系、人们的社会存在的改变而改变。"[2] 这些非常好理解。说明人的思想意识受到了社会的影响，随着社会的变化而变化。中华民族具有千年的优秀传统文化，形成了深刻的思想精神，其中很多价值理念已

---

① 《左传·隐公三年》。
② 《马克思恩格斯文集》第2卷，人民出版社，2009，第50~51页。

经成为百姓日用而不自知的思维习惯和行为习惯，蕴含的深邃思想精华为我们破解在当今社会现代化过程中遇到的问题提供了诸多积极的启示。将诚信立业、见利思义、天下为公等智慧延续和运用到当前的社会经济生活、生产生活、社交生活之中已经成为当今时代提高公民道德水平，增强民族凝聚力、向心力，积极培育社会主义核心价值观的重要途径。中华优秀传统文化中的思想和精神，为我们振兴中华民族、实现民族复兴奠定了基础。

青年的成长不仅受到家庭学校的影响，更受到了社会的影响，社会是青年得到锻炼的大环境，是家庭和学校教育不能替代的。青年学生在学校和家庭中接受的中华优秀传统文化教育和思想政治教育最终都要在社会中进行实践、体验、反馈和调整。因此，还需要加强社会沟通，凝聚社会共识，联合多方面力量，为当代青年大学生传承中华优秀传统文化、树立传统文化与价值观自信创造有利空间。

近年来，我国加大宣传中华优秀传统文化的力度，承办了《典籍里的中国》《中国汉字听写大会》《中国成语大会》《中国谜语大会》《经典咏流传》等节目，在社会各界掀起了传承中华优秀传统文化、传诵历史经典的热潮，进一步促进各地高校借鉴相应的形式，多维并举地推进中华优秀传统文化浸润校园，引领学生从民族历史文化中汲取滋养、凝聚信念和力量。这再次从实践的角度证明了社会环境、社会氛围对高校育人的重要作用。

（三）发挥中华优秀传统文化铸魂育人的作用离不开家庭与社会合力支撑

中华优秀传统文化是我们的财富，对教育有重要的影响。我们有责任继承和弘扬传统文化，让我国的文化发挥更大的作用。家庭、社会、学校所处的环境及发挥的作用各有不同，但相对于学校，家庭和社会环境更具有培育和检验文化铸魂育人效果的功能，是青年大学生思想文化素养和综合能力的演练场。利用家庭、学校和社会全面的立体教育形式，才能推动中华优秀传统文化真正深度融入青年成长，既满足当代培养人才的内在需要，同时也保证中华民族精神血脉的赓续前进，为迎接新时代各种挑战，实现伟大奋斗目标提供有力的保证。

要想提高高校学生思想教育的效果，就离不开家庭的支持，学校要及时和家庭沟通交流，运用多种多样的社会平台，更加有效地利用家庭和社会生活化的环境作为铸魂育人的多维支撑，对于增强青年思想、文化、道德、价值观等多方面培育实效性具有重要意义。在新时代，应当以高校思想政治教育为关键环节进一步汇聚资源、整合力量，在家庭、学校和社会三方面形成合力引领学生全面发展。在社会方面，可以通过高校党委、学生工作部（处）、团委、就业处、关工委等部门协调联动、整合资源，促进社会资源走进校园拓宽学生的视野，带领学生走出校园走进博物馆、纪念馆，走进具有浓郁文化氛围和历史传承的街道、社区、企业等，走进社区、乡镇、文化事业单位、军队等，构建一个角度多元、参与立体、辐射广泛，有深入影响的校外活动体系，增强具有吸引力、说服力的真实体验，带动学生自身学习的热情和动力。在家庭方面，以高校为主导、以学院为主体，通过构建多元化的家校沟通联系平台，开设家长开放日，开展青年成长反馈调查等方式，由学校提供助推力、带动家庭融入青年成长支撑体系，推进以文育人、以文化人的教育新体系的运用。

综上所述，中华优秀传统文化融入高校思想政治教育的实践模式归根结底就是要贯通当代青年学生的整个真实的生活世界，构建好覆盖和贯通这个生活世界的实践模式是中华优秀传统文化有效发挥育人效能的重要支撑。但是，世界是复杂的，社会有很多客观因素，存在一些尚未解决的矛盾和冲突点，时而会出现一些负面事件。同时，在网络高度发达的今天，家庭、高校、社会、国内外环境等时时刻刻存在相互影响和渗透，一些不良的信息、事件极易对青年的思想产生负面影响，对高校巩固持续稳定的育人效果形成挑战，也是高校在思想政治教育工作中，遇到的巨大挑战。所以，要求不断探讨高校教育的新模式，勇于实践，推进教育取得良好的效果；另外也需要国家从顶层设计入手进一步构建全面系统协调的育人机制，提升全社会弘扬中华文化的意识，形成"教学为先"的理念，重视对青年一代的言传身教，落实为实际行动建设良好的社会环境。

五 建立动态反馈机制促进中华优秀传统文化融入高校思想政治教育的质效不断优化

沿袭精华、因时变革、与时俱进、破除窠臼、增益创新是民族思想、文化、制度、科技等传承发展的有效途径。经过历史的锤炼与积淀，因革损益、革故鼎新也成为中华优秀传统文化中具有代表性和时代价值的思想精华，对促进中华优秀传统文化有效融入高校思想政治教育具有深刻意义。

对于中华民族而言，中华优秀传统文化带领我们不断前进发展的原因在于其在精神层面的标志性意义，对于中国特色社会主义而言，它是充满养分的沃土，不断推动当前的中国持续进步，不但对传承中华文明起到重要作用，从人类整体发展角度来说，中华民族优秀的传统文化也发挥了举足轻重的作用。青年一代在中华优秀传统文化的浸润中成长，有助于他们立足祖国大地与时代方位，清晰感受自身的历史性，坚定地迈向未来。所以说，中华优秀传统文化与高校思想政治教育的融合，关乎思想政治教育整体的长远稳固发展。这就要求高校应积极构建能够动态评估中华优秀传统文化融入思想政治教育的内容、方式、方法、途径等方面有效性的动态反馈机制，从而依据时代与现实的需要，面向未来、改革创新。

具体来看，就是要依托当今高度发达的网络科技，运用云计算数字化数据信息处理技术和实景实地调查研究相结合的方式，积极构建覆盖高校、延伸家庭与社会，贯穿中华优秀传统文化融入思想政治教育各个方面和环节的、全员全程全方位的动态观测评价机制，面向广大教师和青年学生广泛收集对课堂和校园学习体验的评价反馈信息，通过数据信息的分析处理，把握中华优秀传统文化融入的实际情况、接受程度，总结有益经验，发现问题与不足，从而结合实际，实事求是地予以改进。此动态反馈机制的构筑，需要关注下述几点。

首先，应当在动态反馈信息采集的范围中围绕思想政治教育的主要方面、核心环节设定核心观测点。例如，在课程教材反馈方面，应建立有效机制，通过深入课堂和了解学生对教材知识性、可读性、科学性的真实评价；通过座谈研讨、线上信息采集、云备课等方式与任课教师加强联系深入沟通，听取教师反映的意见与建议，召集相关领域专家定期及时对教材进行修订，使教材在教学实践中得到检验和改进，同时也通过教材的改进直接促进教学实践效果的增强，最终实现二者的良性循环。在课堂教学过程中，我们则要实现对中华优秀传统文化融入的内容、实现融入的形式与方法、学生对传统文化的认知、认同情况进行实时采集，以备日后进行育人效果对比和方式方法改进；同时对教师能力素质、传授引导水平等多项因素也应当进行了解与评价，以帮助教师提升个人素质与教学能力。在校园活动和社会实践环节中，应进行广泛的行为观测、思想价值观调查、教学引导实践质量的评估，实践活动形式、内容、实效的评价等，持续从全局角度关注和调整中华优秀传统文化在思想政治教育融入过程中的具体状况，及时发现问题纠正偏差，总结经验吸取教训，以确保中华优秀传统文化的融入紧紧围绕立德树人根本任务和新时代人才培养目标展开，帮助中华优秀传统文化的教育融合更加合理，便于真正完成以文化人、以文育人。在家庭和社会实践的相关环境中，应建立有效的联动机制：一方面，要让家庭和相关社会单位组织等明晰高校育人目标与内容，拓展传统文化发挥价值的空间、路径、方式，形成协同育人的合力；另一方面，要做好反馈信息采集，通过联动反馈机制把控教育质量，逆向追溯查找不足，发挥好高校作为育人主体的核心作用，针对实际情况调整教育实施方案，推进中华优秀传统文化和思想政治教育的协同创新发展。

其次，应当注重对动态反馈机制运行中收集到的各种信息进行科学、全面、系统的分析。在课程与课堂层面把握中华优秀传统文化精华与知识理论的有机融合；从教学与实践层面把握思想理论武装与价值认同、实践践行的统一；分析教师素质能力、学生的认知认同的变化趋势，寻找相互之间的关系；研究师生之间的教学互动，高校、家庭与社会的协调联动机制的完善，优化育人实效性的创新路径等，从多重维度深入地审视和思考动态反馈信息中表达的积极经验与实际问题，进而有针对性地调整中华优秀传统文化融入的实践。需要注意的是，在运用相关技术进行信息采集时也要秉持以人为本的理念，注重尊重与保护教师和学生在反馈过程中的个人信息安全。

最后，对于动态反馈机制本身，在观测点、信息收集方式和渠道、分析评价指标体系等方面，都应当灵活地予以调整，围绕时代变化、高校教育理论与实践的发展，学生群体的不同特点，以及其他影响教育的实际情况做到与时偕行，为教育主管部门和教师更全面地掌握中华优秀传统文化融入思想政治教育的实际情况、明确改进完善方向提供科学的数据支撑，从而使青年大学生坚定文化自信，在新的阶段持续传承民族精神和文化，使中国特色社会主义文化发扬光大；彰显出高校思政教育的重要意义，在品德方面提升学生素质，为社会主义现代化建设提供更高质量的参与者。

第六章　高校思想政治教育与中华优秀传统文化融合发展的实践

第一节　中华优秀传统文化融入高校思想政治教育
——以《诗意中国》为例

中华优秀传统文化是无数先辈在实践过程中积累出的优秀的果实，自始至终都有使人变得更好的力量。当代大学生在生活、思维和行为方式等多个方面都被中华优秀传统文化潜移默化地影响着。在当前背景下，亟须探索出更好融合高校思政教育与中华优秀传统文化的纽带，加快二者融合发展，帮助培育更高素质的社会主义接班人。

一　文化自信视域下高校思想政治教育中融入中华优秀传统文化的必要性

（一）是大学生构建文化自信、提升道德素养的驱动力

对中华优秀传统文化的自信，是最根本的文化自信。在实现文化自信的道路上凸显中华优秀传统文化的地位，在批判中继承并创造性发展，不断增强传统文化感染力，对解决社会文化的现实问题具有积极的借鉴意义。

高校建立文化自信离不开中华优秀传统文化，中华文化经过五千年的发展沉淀，所具有的丰富内涵是中国特色社会主义道路发展过程中独一无二的文化源泉。但当下的文化传播在内容和形式上呈现出娱乐化、形式化的面貌，存在对中华优秀传统文化的传播力度不足，传播范围不广，传播深度不够的问题。在高校思想政治教育中普遍存在传统文化教育缺失的问题，直接导致大学生文化自信的缺失。在经济大发展、科技大发展的社会

环境中，媒体形势日趋多元信息传播速度有了颠覆式的变化，文化的交流融合碰撞出纷繁复杂的人文思潮，大学生的价值观受到了多个层面的解构和冲击，越来越多的青年人坠入价值观的迷雾，复杂的负向社会问题不断出现。高校思政教育在大学生正向价值观构建中扮演重要角色，也因此承担重要使命和责任。

在负向和正向思潮的拉扯下，当代大学生整体的思想状态和价值观念需要以正向文化介入以形成良性发展的内驱力。在西方多元文化和价值观的冲击下，高校思政教育中融入中华优秀传统文化，帮助大学生深度了解、认知中华优秀传统文化，构建国家认同、民族认同，确立对中华民族坚定的文化自信，对大学生建立历史、民族和道路的自豪感有相当重要的作用。

（二）是合情、合理、合意的高校思政课程学习内容的主要构成板块

相关研究通过问卷方式，以北京三所语言院校的 2018 级本科生为研究对象开展了"00 后"大学生对中华优秀传统文化认知的现状调查，当被问及"传统文化对当下中国社会的影响"时，将近半数的学生选择"有重要作用"，45% 的学生选择"有一定的作用"，这表明大多数"00后"大学生能够很清楚地认识到中华优秀传统文化对中国社会的作用；在对中华优秀传统文化未来的发展问题上，表现出积极乐观心态的"00后"大学生占到了总调查人数的 90%，中华优秀传统文化的强大生命力得到了他们的肯定。其中，有 46% 的学生表示"传统文化将会与外来文化相互交流、融合"，44% 的学生认为"传统文化将逐渐受到中国人民甚至全世界人民的发扬推崇"。关于学习中华优秀传统文化的意义，"00后"大学生普遍肯定了其在国家、社会、个人等层面上的积极作用。对国家和社会的影响，选择"传承中华文明"的比例最高，为 71%；其后依次是"增强民族凝聚力"（66%）和"加深世界对中国的了解"（59%）。此外，中华优秀传统文化对个人成长的影响的选择率依次为陶冶情操、修养身心（63%），培养爱国之心、增强爱国意识（58%），扩展自己的知识面（46%）。对于"是否愿意花时间去了解学习中华优秀传统文化"，90% 的学生表示愿意去学习，8% 的学生持无所谓的态度；被问及"是否有必要在大学里开设传统文化相关课程"时，大多数"00后"大学生认为这是一种有效实现途径，其中 48% 的学生表示"有必要"，32% 的学生表示

"非常有必要"。从以上数据来看，"00后"大学生普遍对中华优秀传统文化学习感兴趣，有着更多的需求和期待。[①] 可以说，大学生关注文化自信，渴望文化自信，大学生群体有强烈的学习和实践中华优秀传统文化的意愿，中华优秀传统文化与思想政治教育相融合是合情、合理、合意的高校思政课程学习内容的主要构成板块。

（三）是应对文化全球化对高校思政教育带来的消极影响的现实需要

在全球化背景下，中国在整个世界舞台上与其他国家有了更加广泛的接触，政治文化交流、融合、渗透、冲突日益突出，带来更多的思想文化上的碰撞，高校思想政治教育在价值取向、教育方法等方面受到了严峻考验。针对这样的现实情况，高校思想政治教育必须举一切可举之力，进一步增强民族自豪感和自信心。中国优秀传统文化教育资源丰富，为新时代高校思想政治教育提供了丰富的教育资源和文化内涵。

随着全球化进程的加快，西方文化中腐朽的、落后的思想也影响着大学生群体。在这种不良形势下，我们需要始终清晰地坚持马克思主义思想的指导，引导大学生群体构建思想防线，拿起中华民族优秀传统文化精神之利刃与之对抗。传承了五千年的中华优秀传统文化中包含着丰富、生动、形象的爱国主义思想，是根植在广大青年大学生身上的精神基因。在进行大学生思想政治教育的过程中，科学合理地利用中国优秀传统文化有助于大学生爱国主义理念的形成，用科学的方式选择优秀内容并以鲜活的方式进行加工，可以有效融入高校思想政治教育中，有助于培养大学生的爱国主义精神和民族精神。

同时，中华优秀传统文化中也蕴含许多自我道德修养的重要方法。在建立社会主义核心价值观的过程中，中华优秀传统文化为其提供了许多优秀品质。将传统优秀文化融入高校思想政治教育，通过现代化教学手段，在马克思主义指导下，科学发挥育人作用，有利于增强大学生的民族自信和文化自尊心，有利于大学生自觉践行社会主义核心价值观。

---

① 张严、邵云：《"00后"大学生对中华优秀传统文化认知的现状调查及对策分析》，《北京教育（高教）》2021年第5期。

二 《诗意中国》中的中华优秀传统文化思想政治教育价值

一个国家要想长远的发展，必须注重传统文化的传承。越来越多与中华优秀传统文化相关的内容被搬上电视，深圳卫视打造了一款文博推理秀节目——《诗意中国》，每一期节目的主题各不相同，根据主题设置内容，让人们穿越历史长河了解古代人的生活习惯，通过推理得到信息。该节目在众多节目中脱颖而出，这也侧面说明人们对中华文化有足够的信心。该节目直观地呈现了中华优秀传统文化浸润下中国人的理想生活状态，让当代大学生明白了拥有高尚、精致生活的原因所在，极大地激发了人们去致力于构建属于每一个人的诗意城邦。深圳卫视打造该节目的主要目的是弘扬中华优秀传统文化，同时还包含了思想政治教育内容，通过互联网线上线下的全面普及，让人们有更深刻的思想政治觉悟。这里，笔者以《诗意中国》"新疆克拉玛依：诗与远方的美丽绽放"为例进行深入阐述。

1955 年 10 月 29 日，克拉玛依一号井喷射出了震惊世界的工业油流。从此，新中国有了第一个大油田，世界上有了唯一一座以石油命名的城市。"克拉玛依"四个字就是维吾尔语"黑油"的意思。克拉玛依油田打破了"中国贫油论"的魔咒，这里也成了艺术家们讴歌的对象。在讴歌克拉玛依的成百上千部作品中，有三部作品广为传诵，一部就是艾青先生的诗《克拉玛依》，一部是易中天先生的《克拉玛依赋》，而最为大家所熟知的，是吕远先生作词作曲的歌曲《克拉玛依之歌》。每当那高亢优美的旋律响起，大江南北的人们就仿佛又回到了新中国成立之初那个万众一心建设社会主义的火红年代。克拉玛依为什么能激发起艺术家们的创作激情呢？因为克拉玛依是诗与远方的美丽绽放，是诗与远方的完美结合，其本身就是一部激荡人心的英雄史诗。

在茫茫荒原钻探出石油，终结"中国贫油论"，这是惊天动地的篇章；在不适合人类居住的自然环境中，创造出中国西部第一个千万吨级数字化大油田，这是战天斗地的篇章；在遍野砂石的戈壁上白手起家，建成一座人均 GDP 全国第一、绿化覆盖率 43.72% 的全国文明城市，这是改天换地的篇章；在西部偏远落后的地区，人均预期寿命 81 岁，恩格尔系数为 30.8%，这是欢天喜地的篇章。当然，在这一切宏伟篇章中，不可缺少的是克拉玛依人感天动地的篇章。在 12 级的狂风中，他们曾用绳子把自已绑在井架上，坚持手握刹把顽强钻进；在零下三四十度的极寒里，他们冒死制服井喷，溅满油泥的脸庞衣裤瞬间凝固成冰人冰甲。"献了青春献终身，献了终身献子孙。"中国由56个民族组成，每一个民族都深深热爱着伟大祖国，该首歌曲表达了克拉玛依人民对于祖国的热爱，也赞扬了历史史诗中奉献的英雄。

"是塞北却似江南、无渔舟而有晚唱"，如今的克拉玛依，早已是一首优美瑰丽的抒情诗。这里有江南秀丽，这里有大漠雄奇；这里有胡杨伟岸，这里有杨柳依依；这里有魔鬼城的磅礴荒野，这里有时尚都市的灯火迷离；这里有现代文明的炫酷展现，这里有民族风情的百态千姿；这里有年产两千万吨不老油气田，这里有率先实现现代化的筑梦之城。这里能满足我们对远方的一切想象，这里能满足我们对诗意的所有沉迷。

（一）《诗意中国》的内容结构与高校立德树人教育目标高度契合

《诗意中国》这档节目，以中华优秀传统文化为引子，将文化以实景小剧的形式表现出来，给嘉宾以不同的选择信息。该档节目在设置节目框架时，运用到的教育理念是知行合一，该类理念同样适用于大学生弘扬中华优秀传统文化。知行合一的另一种说法是让文化在日常生活中随处可见。中国人民只有了解其精神与内涵，才能更好地弘扬与发展中华优秀传统文化。中华优秀传统文化是中华民族的立身之本，指引着青年形成正确的价值观，青年学生应该勇于承担弘扬精神的重任，只有青年从心底认同中华优秀传统文化，才会产生自觉弘扬的行为。中华优秀传统文化融入人们日常生活中代表人们有着充分的文化自信，这也是高校在开展教育工作时的主要目标。

（二）《诗意中国》的主题内容充分体现了知行合一的教育理念

从一般心理发展规律来讲，人们欣赏文艺作品有以下八种心理：消遣休闲型心理、情节吸引型心理、性格认同型心理、解释宣泄型心理、好奇争议型心理、媒介工具型心理、鉴赏审美型心理、批评型心理。对于思政部门来讲，要想保证教育效果良好，需要确保上述心理方式连续不断地发生，出现在思想政治教育的过程中。如《诗意中国》第一期设置的主题是"抚琴时的礼仪"，给出的背景是下雨天，给出下面两个选项：在雨天焚香弹琴，在轻舟上畅谈对饮，嘉宾需要根据知识判断礼仪的正确性。通过这一整期节目的推论与演绎，嘉宾会有八种不同的心理感受，这种在实景下思考并做出的选择，能够帮助青年更好地掌握相关知识，理解得更加深层次，这比死读硬记要有效得多。笔者认为该种教育模式可运用到课堂教学中，也可运用到活动中，学生通过深层思考做出选择，更容易记住知识点，为学生做到知行合一奠定了基础。

（三）《诗意中国》生动的演绎方式充分体现了隐性教育功能

《诗意中国》的导演在设置演绎方式时，让其呈现多元化趋势，不仅局限于推理选择这一个，还包括嘉宾对话、实景情景剧演绎等，这些方法属于思政教育手段，但是更具有隐蔽性。现在学生的标签是个性化，寻常方法不能引起他们的兴趣，若采取隐性思想政治教育方式，则更容易达到教育目的。对于隐性思政教育的定义是不将重点放在教育对象上，而是放在采取的手段上，在这个过程中教育对象会有一系列的心理变化，最大的优势是不引起学生的反感，让学生在潜移默化中形成良好的道德规范。随着时代的发展，教育手段也要不断更新，在现有显性教育方式的基础上，开拓新的教育方法，利用隐性教育方式作为补充；通过心理暗示，让学生内心发生变化，在潜移默化中形成正确的价值观，塑造良好的道德规范。

三 推动高校思想政治教育与中华优秀传统文化融合的启示

（一）坚持马克思主义导向，重视高校思想政治教育与中华优秀传统文化的融合

习近平总书记在报告中曾重点强调中华优秀传统文化的作用。中华优秀传统文化是中国人民的根和魂①，会不知不觉地影响人们的思维方式。教育部门建立的思政教育体系已经趋于成熟，当务之急是要将各项措施落实，多个部门相互配合、相互合作，让中华优秀传统文化融入大学生的思政教育课堂，采取多种方法推进相关政策。对于高校而言，应该开设与中华优秀传统文化相关的课程，该课程的第一讲就是让学生感受中华文明之

---

① 习近平：《在庆祝澳门回归祖国十五周年大会暨澳门特别行政区第四届政府就职典礼上的讲话》，《人民日报》2014年12月21日。

美，让学生对中华优秀传统文化的认识从感性上升到理性，在提升大学生文化素养的同时，让其爱国情怀得到升华。对于当代大学生而言，在了解中华优秀传统文化时，应该从整体到部分，再做细致的了解与区分，从深层次把握优秀传统文化。华夏文明已经经历五千年风霜，这其中积累的丰厚知识与代代相传的华夏精神是不可小觑的。

（二）坚持创造性转化，体系化开发融合课程和实践项目

政府部门高度重视中华优秀传统文化，各高校积极响应，设置相关通识课程，在校园中大力传播优秀传统文化。但就现实情况来看，虽然开设了相关课程，但这些课程没有与思政教育充分结合，在思政教育内容中占据的篇幅较小，学生对其认识程度不够。为此，必须创新开发中华优秀传统文化与大学生思想政治教育融合课程，将优秀传统文化与思政教育互相融合。笔者认为《诗意中国》这档节目的策划逻辑非常强，可以借鉴其核心内容，在传播中华优秀传统文化时，根据文化内容的重要性分为主内容与次内容，重点传播最主要的内容，形成好的课程选题，采取线上教育和线下教学相结合的方式，进一步增强教育工作的成效。此外，从整体来看《诗意中国》这档节目可知，该节目多次提到知行合一。虽然各高校已经开设优秀传统文化通识课程，但是讲课方式并没有跟随时代进行创新，仍然是填鸭式的教学，学生没有自己的思考与感悟。但上文也提到，显性的教育模式对于部分学生来讲并不适用，所以应该让课堂呈现多元化，将地方特色融入课堂之中，增加学生的学习兴趣。俗话说"读万卷书不如行万里路"，要想让大学生更好地弘扬中华优秀传统文化，应该让其亲身体验，通过实践来更深层次地理解课堂知识，让每位大学生都能掌握中华优秀传统文化的精髓与内涵。

（三）坚持创新性发展，传统教学方式要与新媒体教学方式深度融合

随着互联网的发展，电视节目可采取线上线下双播放的模式。就《诗意中国》来讲，不仅在深圳卫视播出，而且也可在网络平台观看，这种播放方式可以照顾到各年龄阶段的人们，中老年人可通过电视观看，年轻人可通过网络观看，思政教育部门也应该借鉴该模式，为学生提供不同渠道来学习中华优秀传统文化。通过调查发现，在众多的互联网用户中，占比

最多的是青年群体。虽然互联网已经融入人们的日常生活，但许多高校并没有将其作为教学手段，年龄较大的教师在讲课时仍采取传统的方式，不会使用互联网。要想让学生主动学习，教师要采用现代化信息技术，为学生提供实景实地，学生通过情景环境能够更深层次地理解优秀传统文化的内涵。

第二节　儒家优秀文化在高校思想政治教育中的应用

一　儒家优秀文化应用于高校思想政治教育的原则

（一）有扬弃地继承

党的十八大以来，习近平总书记多次谈到中国传统文化，表达了对传统文化、传统思想价值体系的认同与尊崇。其中儒家思想作为中国传统文化的主流，内涵丰富影响深远，蕴含丰富的哲学与智慧。发掘儒家思想的现实作用，对强化大学生的文化自信、实现青年群体全面发展具有重大的推动作用。

儒家思想作为中华优秀传统文化的核心和根基，学习和掌握其中的思想精华，不仅体现在对学生人生观、价值观方面的直接影响，也是对思想政治教育本身的一种有益的变革和推动。儒家文化的精华包括以和为贵、以人为本、诚信之道、自强不息等，这些思想至今适用，但是其自身仍然存在时代的局限性，如等级森严的尊卑制度、消极无为、重文轻武等。我们要用辩证的眼光来看待儒家文化，摒弃其中的封建思想因素，对有益成分加以继承并发扬，有扬弃地继承儒家文化的优秀思想，正确解读儒家文化的核心要义，以此来充实高校思想政治教育。

在高校思想政治教育当中，我们要以"取其精华"之手段，合理汲取儒家与思想政治教育理念相吻合的部分，从有利于社会主义发展的角度，采取批判继承的方式进行合理选定。正如毛泽东同志所说的剔除"封建糟粕"，将其中体现的精华元素挑选出来，作为发展民族文化与提高民族自信心的基础要件，杜绝不分青红皂白地全部接收。高校大学生所具备的儒家优秀文化基础，在思政教育实践中发挥着举足轻重的作用，所以，让儒家优秀文化对大学生形成积极的思想指引刻不容缓。

（二）师生双主体

在传统的课堂中，教师的主体作用凸显，学生是被动接受的客体。教师以其特有的专业思想政治影响力和教育培训手段，为学生提供科学的教育引领作用。但在思想政治教育课堂上，应当建构出师生双主体的结构。儒家优秀文化应用于高校思想政治教育中更是如此。

师生双主体，即教师和学生都是教育主体。课堂的参与者是教师与学生，两者都是课堂的建构主体，并且互为主体，共同参与构建深度学习的过程。思想政治教育的有效方式是将儒家优秀文化的作用充分发挥出来，利用教育者的主导效能，获取最大的教育成果。通常情况下，高校开展的思想政治教育专业课，必须以调动大学生主观能动性为关键。儒家优秀文化在高校思想政治教育中的应用是十分重要而艰巨的任务，大学生一旦形成错误的思想观念容易产生思维定式，因此，教育者应及时引导。这需要教育者自身具有深厚的儒家优秀文化底蕴和思想政治素养从而为主导作用的发挥奠定基础。除此之外，双主体的含义还指向大学生的自我教育。教师作为主体引导大学生形成思想上的正确认识，同时大学生基于基本认识也要在潜移默化中进行必要的自我教育。在知识的构建中，通过多元化教育和学习方式，从行为上进行必要的调节、强化、规范，最终实现儒家文化中精华文化精神的吸收、内化。

在融入儒家文化的思想政治教育课堂上，将儒家优秀的文化融入高校思想政治教育课程中，并且把高校教育者与教育对象放在核心位置，教师作为"隐性主体"存在，在教学实践中不断培养学生的"显性主体"，师生双主体通过课堂中的互动交融，同构共建知识、能力与素养。双主体平等互助、相互依托、同步发展，双主体的互促关系是思政课堂上教育目标达成的基础保障。

（三）浸润式与渗透性

"浸润式"是高校思政课的重要教学理念，普遍适用于高校思政教育课堂。"浸润式"一是强调"以生为本"的基本原则，教学过程中所有教学环节的设计以学生的学习体验和知识获取作为服务对象，着力为学生带来思想政治教育与儒家文化逐步融合的沉浸学习体验和深度知识获取。二是强调全程渗透的教学宗旨，主张在教学过程中全程以无形教法实现明确目标，正如 2016 年 12 月 7 日，习近平总书记在全国高校思想政治工作会议上指出的"盐水论"，即好的思想政治工作应该像盐，但不能光吃盐，最好的方式是将盐溶解到各种食物中自然而然地吸收。在课堂上，结合儒家优秀文化，使大学生不知不觉地受到儒家优秀文化和思想政治教育的影响，从而更好地发挥高校思想政治教育的作用。三是真情实感的教学氛围。思政课程以情感化育和素养提升为核心，因此，教学过程中要让学生有真心体验，有真情投入，也要求教育者对所教内容的高度情感认同、价值认同。"浸润式"教学模式有利于将思政课教学内容"入脑入心"，做到刚性要求与柔性要求相统一，瞄准大学生"真心喜爱""终身受益""毕生难忘"的出发点与落脚点，引起大学生的情感共鸣和价值认同。

渗透性主张在一切形式中广泛开展思想政治教育活动，在一切活动中影响、感召学生。落实起来，一是结合大学生自身特点，精选儒家优秀文化精髓，将思想政治教育与儒家文化逐步融入大学生的日常生活；二是将高校思想政治教育渗透到儒家文化活动之中，思想政治教育不再是思想政治理论课老师的"独角戏"，而成为相关人员都要参与其中的工作，在潜移默化中影响每一个参与者，以此拓展高校思想政治教育领域范畴，有效利用儒家文化活动效果，形成卓有成效的融合与渗透，增强思政课教学的亲和力、吸引力和感染力。渗透性要求高校思想政治教育者要有教育渗透意识，自觉地将高校思想政治教育与儒家优秀文化融合，善于激发参与者的自觉性和积极性，避免说教，要在实践中进行思想政治教育。此外，要发挥强大的社会教育综合效应，凝聚社会与学校的教育合力，全面推进儒家优秀文化的合理渗透，推动思想政治教育走进学生生活的每个角落。

二　优化儒家优秀文化应用于高校思想政治教育的方法

（一）理论教育与社会实践相结合

将儒家优秀文化应用于高校思政对大学生进行思想品德教育，要把理论教育与社会实践相结合，把提高大思想认识和培养道德行为相结合，注重让大学生接受实践锻炼。理论与实践结合是新时代高校思想政治教育的基本要求和推进方向，其理论要义在于实现课本与现实相结合、理论与实践相统一，把思政课讲得有温度、有力度、有效度，理论与实践要相辅相成，促进"思政小课堂"和"社会大课堂"的结合，实现课程理论性与实践性的统一。

高校思想政治教育需要理论知识提升学生对社会主义道路的认识，也需要实践锻炼培养学生坚定正确的政治方向。理论知识和实践锻炼相得益彰、缺一不可。在高校思想政治教育中，没有不来源于实践的理论知识，也没有缺乏价值引领、不需要理论指导的实践锻炼。只有实现理论与实践相辅相成，知识才能讲通讲透，化为青年学生的自觉思想和自觉行动。

理论教育就是把相关知识由教育者从"外面"灌输给受教育者，灌输理论作为一种基本的教学方法有其合理性和必要性，在思政教育中是非常必要的。对大学生而言，思想政治教育理论和儒家优秀文化不可能不学而会、不教而知，与生俱来的理论是不存在的，要想转化为个体的意识，应当进行教育才能达到此目标；但是，为避免出现教学效果差、学习体验差的问题，要采取科学的方法进行灌输。"灌输"不能不讲方法、生搬硬套、照本宣科，要使灌输理论教育产生实效，需要思想政治教育者根据大学生的特点选择教育方法，采取大学生能够接受的形式。

儒家优秀文化应用于高校思想政治教育，在理论教育上要探索更加富有活力的方法。国内外形势发展变化快，儒家优秀文化知识点在内容选取上要跟上时代，教育者要持续学习、吸收，不断备课，才能常讲常新。教师要融合基本理论，让学生在课堂中体验党和国家取得的历史性成就、发生的历史性变革，如党带领人民完成了新时代脱贫攻坚伟大历史任务，领导全国人民抗击新冠肺炎疫情的不朽斗争等。鲜活的实践、生动的现实蕴含着理论之源，教师要准备好、使用好。

教育是为了获取知识、学以致用，如果不结合实际必然会出现相反的结果，为此，儒家优秀文化应用于高校思想政治教育，在具体实施中要有针对性，不能强行灌输，这就需要在方法上灵活控制张力。教育者要做好十足准备，学生提问要有问必答，有疑必解，一些尖锐敏感的问题，涉及深层次理论和实践的问题，都要讲清楚讲透彻；要从学生关切的问题切入，围绕着立德树人的目标，根据世界百年未有之大变局、党和国家事业发展全局以及中国共产党带领人民进行治国理政的鲜活实践发展变化，通过动态跟进的教学供给，有效回应学生的需求和关切，以透彻的学理分析回应学生，以彻底的思想理论说服学生，让学生心服口服、受益终身。同时，思想政治教育者需要提高自身理论功底和践行科学理论的自觉性，充分理解马克思主义理论、中国特色社会主义理论体系、儒家优秀文化理论。不仅能对其精神实质做到准确把握，还要对其科学内涵有系统性的认知，并在实践中加以落实。

理论教育之外，儒家优秀文化应用于高校思想政治教育要借助社会实践等多样形式推动理论与实践相结合。人们形成正确认识的根本途径就是社会实践，社会实践能够起到教育培养的效果，是理论知识转化为行动实践的重要途径。高校思想政治教育要通过多样、深度的社会实践，让大学生认知国情、增长才干。

社会实践的形式可以是多样化的，青年学生可以通过国情调研、社会服务、学习宣讲、援边支教、科研实践等实践形式，将所思所学转化为具体行动，在练中学，在学中做，在做中思考问题、解决问题。还可以通过各类科研项目和比赛推动理论与实践相结合，突出科研项目和比赛成果的现实导向、问题导向，又要将项目、比赛推进过程中的做法、经验提炼成理论知识。在科研项目和比赛中挖掘与儒家优秀文化的结合点、与党和国家大政方针的结合点、与社会主义核心价值观的结合点，增强思政教育的实践意义。

通过理论教育与社会实践相结合的方式传播儒家优秀文化有以下三点优势：第一，有利于提高大学生的思想觉悟和认知水平。大学生把通过理论教育获得的思想观念、道德规范等付诸实践，在实践中检验理论的正确性。第二，有助于大学生养成和巩固良好的行为习惯。形成良好的思想品德行为习惯不仅需要持续的理论教育，还需要在实践锻炼中加以巩固。而且良好的品行最终也要通过实践活动体现出来，在社会实践中反复践行道德规范，有助于大学生形成良好的思想品德行为习惯。第三，便于突出理论教育的成效。大学生把通过理论教育掌握的儒家优秀文化基础知识应用于社会实践中，并把思想政治教育道德规范以及儒家思想观念融入与人的互动中，感受其内涵；经过内化，不仅会促进品德修养的提升，还会在行动上实现改变，进一步提高了效果的应用性。

（二）儒家传统教育与现代化教育手段相结合

儒家传统教育主要针对人的道德教育，是对人们有目的、有计划地实施道德影响的活动，其教育方法就是指儒家思想道德教育方法。儒家对道德教育的方式方法建立了自身独特的结构体系，一方面是群体性、社会性对教育对象的教化，另一方面是教育对象的自我教育以提升个人修养。高校思想政治教育属于社会教化的方法范畴，因此本书对儒家优秀文化中社会教化的方法进行阐述。

中国古代不言教育，而常言教化。教化是儒学的一个核心理念，关于"教化"的含义，众说纷纭。西方话语体系中的"教育"侧重知识的获取，而传统儒家语境中的"教化"更多指向人的内在德性的生成。

社会教化是维系社会秩序、传承思想观念的重要途径，儒家皆以设学作为推行教化的重要手段，以期达到化民成俗的理想社会秩序。中国古代的社会教化很大一部分通过书院实现，倡明教化是书院教育最为独特的地方，书院追求"道德与礼义相统一"的教化境界。书院早期是官府藏书之地和私人读书之所，后来演化为一种授徒讲学的教育机构。集讲学、藏书、祭祀三大事业于一体，是古代学校系统之外的一种教育机构，书院性质的变化使其社会教化功能顺势产生，承担着重要的社会教化的功能，也是中国古代书院的基本功能。书院肇始于唐，兴盛于宋，历经元明时期的发展，及至清代形成普及之势。随着北宋学校体系的确立，书院或改为学校，或废弃停办，开始陷入长达百年的沉寂。南宋时期，理学大盛，理学各派致力于打造书院为讲学明道的基地，书院发展呈现出兴盛之势。南宋书院自觉将宣明教化作为自身文化建构的努力方向，使书院的社会教化功能得到真正的彰显。

除了书院教化外，儒家优秀文化中社会教化的方法还包括榜样教化。当教化作为一种社会治理思想被使用时，只有在儒家那里得到了强力的推崇，并且儒家将教化的本旨理解为榜样教化。[①] 儒家认为，教化发端于圣人立教，而归根结底则在榜样教化。圣人并非通过语言灌输思想道德观念，而是通过榜样（圣人自身）的高尚品德以及模范行为去影响民众的心理与

---

① 陈继红：《榜样教化：古代社会治理中的思想政治教育》，《教学与研究》2021 年第 1 期。

行为，使他们在对自己的效法中不断提升个体道德境界，最终形成社会所需要的思想品德。儒家关于榜样教化的理解有一个非常重要的倾向，即将教化主体与教化载体（榜样）合二为一，教化主体的身教示范被视为榜样教化的主要表现形态。从现代德育的立场看，此即榜样示范法中的一种特殊形态——"教育者的示范"，现在的榜样示范可以拓展为教育者的示范、伟人的典范以及优秀学生的典型等多种方式。教师的职责是思想道德观念的教化，教师要身教示范，在教师的教化活动中，教师自身是学生学习、效法的对象，亦即榜样。具言之，教师的教化活动虽然以理论灌输为重要形式，但同时亦是身教示范活动，教师的言行在潜移默化中对学生产生着范导作用，影响着其思想品德的形成与发展。可以说，儒家的榜样教化思想为当下的高校思政教育提供了切实的思想支持。

高校思想政治教育要面向现代化，在教育方法上就要取用儒家传统教育方法之长与现代化教育手段相融合。教育教学现代化，以追求和实现教学效果的最优化为宗旨，强调以现代教育、教学理念为指导，以现代信息技术在教学中的应用研究为核心。高校思想政治教育必须要面向现代化、要体现现代化的全部最新成果。

计算机技术、多媒体技术、网络技术、卫星广播技术、虚拟现实技术、人工智能技术等现代信息技术的发展及应用，有利于解决有限的传授手段与无限的学习需求之间的矛盾，高校思想政治教育要加强对于现代教学技术的开发和利用。作为现代化教学的重要手段，多媒体教学借助计算机技术，运用声像媒体、光学媒体等，制作出多媒体课程软件，有利于灵活地展示教学内容，运用多种多样的教学策略，创造更灵活的教学环境，在高校思想政治教育中为学生带来深刻的学习体验，增强教学效果。此外，2013年以来，思政课的"慕课"体系逐步建立，大规模开放"慕课"等新型在线开放课程和学习平台在世界范围迅速兴起，给思政课教育教学的现代化带来了新的机遇。开放式的网络教学促生了翻转课堂，重新调整课堂内外的时间分布，将基础知识层次的学习交给网络等信息化媒介，而将课堂学习集中于热点问题的讨论、难点问题的剖析、项目研究的展示等深层次的学习。基于现代化手段的多种教学模式的使用，有利于高校思想政治教育更好地因材施教、按需施教，是儒家传统教育方法的现代化升级。

（三）课堂教育与自我教育相结合

儒家优秀文化应用于高校思想政治教育，在教育方法上要注意课堂教育与自我教育相结合。教育与自我教育相结合，是指大学生思想政治教育既要充分发挥学校教师、党团组织的教育引导作用，又要充分调动大学生自身的积极性和主动性引导他们自我教育、自我管理、自我服务。

课堂教育采取班级授课的形式由教师给学生讲授知识、技能。课堂教育有着以下几点优势：集中上课节省人力、物力，提高了教学效率；有计划、有组织的教学便于把知识系统向学生传授；各学科交替上课可以扩大学生的知识面。课堂教育的局限性无法回避：无法适应全部学生的个体性差异，学生找不到发挥个性特点的平台，教育缺乏针对性。

思想政治教育中离不开自我教育作用的发挥。通过集体与个体的自我教育方式，受教育者共同学习与促进，相互带动与帮助，进一步完善自我素养，优化自我行为的全面管理。自我教育是个体把自我作为认识和改造的对象，通过自我认识、自我选择、自我反省、自我调控等方式，提高和完善自我道德品质和思想政治素质而进行的一种教育活动。自我教育要求个体在整个思想政治教育过程中自主地对自我有一个清晰的认识，自觉地对思想道德进行认识、控制和矫正，不断地提高自己的思想道德水平。自我教育的教育诱因是社会和自身发展的要求，教育内驱力是主体自主性和自我意识，教育目标是使自身在品德、才智、心理等多方面不断发展与完善。

自我教育对高校思想政治教育工作提出了更高要求。教育者要具备有效激发受教育者自我教育意识的能力，要培养教育对象产生积极向上的进取精神，帮助他们认识自我教育的重要性。高校要发挥环境效力，打造和谐上进的自我教育和积极上进的学习氛围。高校思想政治教育工作要注意落实两种教育协调发展。一方面，要加强集体建设，增强集体向心力；另一方面，在集体生活和活动中，坚持个体自我教育，提升自我，帮助他人，使集体成员共同进步。高校思想政治教育中的学生自我教育也面临挑战；当前，社会价值呈现多元化的趋势，在这种环境中，个体如何才能在多重价值文化的交错中实现自我教育，这将是高校思想政治教育工作面临的一个重要待解问题。

总的来看，高校思想政治教育实现教育与自我教育相结合，必须要努力加强师资队伍建设力度；努力加强班集体、学生会、社团组织等的建设力度；积极组织引导大学生参与到社会实践活动中去；有效利用网络资源再教育的积极作用，切实提高内化思想外化行为的表现，培养学生正确的人生观、价值观和世界观。

三 促进高校思想政治教育者与大学生儒家优秀文化素质提升

思想政治教育工作不是一朝一夕就能完成的，其效果需要一定的时间积累；但是以下两个因素通常会起到决定性作用：教育者、大学生。任何一个因素的文化底蕴不足都会使最终的效果大打折扣；所以，加强儒家优秀文化素养的培养，促进二者综合能力提升的意义非常明显。

（一）提升高校思想政治教育者应用儒家优秀文化的素质

在具体实施儒家优秀文化的过程中，不仅要从专业的角度做好内容的贯彻，还应从知识性的角度做好体系的搭建。高校思想政治教育者需要从以下三个素质着手提升自身应用能力。

1. 高校思想政治教育者需要具备包括儒家优秀道德在内的道德素质

教育者是塑造和净化人类灵魂的工程师，是社会道德规范的示范者。思想政治教育者的一言一行会受到各方面的关注，尤其是大学生。教育者通过榜样教化作用于教育对象，尤其要注重在大学生群体面前自身呈现出的道德素质。教师要在做好知识传授的同时做好观念的引导；言传不如身教，作为引领学生树立正确价值观的高校思想政治教育者更要以身作则，用良好的品德来施教和立学，为社会道德树立典范。以下两个方面是实践中应当具备的。

第一，热爱学生，忠于职责。高校思想政治教育者要热爱思想政治教育工作，对教育有坚定的信念并把它作为自己终生奋斗的事业。要努力践行全心全意为学生服务的宗旨，与学生建立良好的师生关系，平等对待每一位受教育者，关心学生的思想、学习、生活，做他们的榜样和表率。

第二，大公无私，乐于奉献。思想政治教育的任务是教育人，时时处处有困难，有挫折。这就需要教育者具有大公无私、乐于奉献的精神，做到在集体利益和个人利益发生冲突时，坚持集体利益高于个人利益。与学生相处要以儒家道德思想规范自己、教育学生，和学生在情感上相互依赖，让学生信任自己、亲近自己。教师应该以"自强不息"激励自己，处处严格要求自己，学高为师，身正为范，时刻不忘实现中华民族的伟大复兴的中国梦，坚持不懈地培育和弘扬社会主义核心价值观，引导大学生做社会主义核心价值观的坚定信仰者和模范实践者，为中国特色社会主义建设培养更多更优秀的具有家国情怀、天下己任担当精神的卓越人才。

2. 高校思想政治教育者需要具备包括儒家优秀文化在内的知识素质

思想政治教育者要掌握丰富的文化知识，给学生一碗水，自己要有一缸水。

第一，思想政治教育者要有深厚的马克思主义理论知识。马克思列宁主义思想、中国特色社会主义理论体系是社会主义现代化建设的指南，是一名思想政治教育者应当掌握的世界观和方法论。马克思主义理论及相关知识是经过实践验证的，能够为思想政治教育者提供解决问题的方法，指导教育工作迈向新台阶，因此，作为施教者应熟悉并掌握该理论，这是最基本的业务能力，以掌握的知识为基础结合儒家优秀文化为马克思主义中国化注入"新血液"。

第二，儒家文化在中国传统文化中具有举足轻重的地位，学习并运用好该理论能够为高校的思想政治工作注入活力。儒家思想作为中华优秀传统文化的核心思想，其孝、仁、义、礼、智、信等伦理道德范畴已成为经久不衰的中华优秀思想遗产得以传承和发扬，作为施教者，教师必须明此道、信此道、传此道。教师应以一定的儒家优秀理论知识为支撑，儒家优秀文化的内容博大精深，多以古文呈现，晦涩难懂，需要教育者克服不良情绪，认真研读儒家经典著作。

做学问是需要终身为之奋斗的事业，坚持学习思想政治教育理论知识和儒家优秀文化知识，才能减少儒家优秀文化应用过程中产生的问题。

3. 高校思想政治教育者需要具备促进儒家优秀文化在高校思想政治教育中应用的能力素质

能力素质是运用于思想政治教育工作中的各种知识、技能和艺术。思想政治教育者的能力素质是综合素质结构中必不可少的构成部分，包括学习能力、创新能力、组织协调能力、调查分析能力，等等。儒家文化中的思想精华凝练出的方法论可以作为教师能力提升的重要部分，例如"仁者爱人"① "和而不同"② "成人之美"③ "利己达人"④ "己所不欲，勿施于人"⑤ 等，教师要对儒家优秀文化抱以终身学习的态度，吸收儒家优秀文化中有利于现今思想政治教育的养分内化于心，提高自身思想政治教育工作的能力素质，高效开展工作。

（二）增强大学生对儒家优秀文化的学习意识

在中国的传统文化中，儒家文化对于中国几千年的发展有着重大的影响，儒家思想涉及方方面面，几乎成为中国文化的代名词。儒家文化中的一些优秀思想值得大学生学习和继承。高校思想政治教育工作中要鼓励大学生阅读儒家文化经典并在社会实践活动中学习儒家优秀文化，进而激发大学生的学习兴趣，从内心深处主动学习儒家优秀文化。

1. 鼓励大学生阅读儒家文化经典

儒家经典著作承载了儒家思想文化的精髓，是中国传统文化的重要组成部分，蕴含着儒家文化的气质，是中华民族的精神品质。其中《论语》突出的仁、礼思想，《中庸》突出的修身理念，《学记》中记载的教育思想，《孝经》中倡导的孝道，都是大学生应该践行并传承的思想。高校思想政治教育工作应当鼓励大学生积极开展传统儒家经典著作的阅读，增强高校大学生的文化自信、塑造大学生高尚的人格和丰富高校思政课的教学资源。学生根据自己的阅读兴趣阅读经典著作，给学生留足够的时间进行阅读和体会。儒家经典著作的阅读学习不能停留在"读"上，而是引导学生多"悟"，进而发挥儒家经典著作文化育人的地位。通过诵读、吟唱、讨论课堂展示等方式来感受儒家经典著作的魅力。

在阅读之上，组织学生利用微信、微博等新媒介分享推送好的儒家文化作品、书评等，通过线上、线下共同宣传儒家文化，动员更多学生阅读儒家经典；组织学生进行儒家经典著作分享讨论会和儒家经典诵读沙龙等活动展示儒家典故、经典语句，大学生之间互相介绍、推荐优秀阅读书目；

---

① 《孟子·离娄下》。
② 《论语·子路》。
③ 《论语·颜渊》。
④ 《论语·雍也》。
⑤ 《论语·卫民公》。

展开阅读交流，在思想的碰撞中精进儒家文化知识，增进师生情、同学情，形成良好的、持续的儒家经典阅读氛围。通过讨论儒家经典著作，进一步吸收儒家文化的精髓，将仁义礼智、孝悌忠信、诚实担当等思想渗透到大学生的成长中，有利于大学生道德素养的培育。

2. 组织大学生通过社会实践学习儒家优秀文化

增强学习儒家优秀文化意识，不能只停留在书本上，还要在社会实践活动中体会儒家优秀文化。大学生社会实践是高校根据培养目标，引导大学生接触社会、了解社会、服务社会，并从中受到教育，培养大学生的综合素质。思政实践教学是以教学内容、教学要求为指导，组织、引导大学生参与实际生活，开展思政实践活动，提高学生理论联系实践能力，增强思政课教学质量和效果的实践教学环节。二者作为学习活动可以融入大学生的儒家文化精髓的学习中。通过实践活动，可以增强大学生理想信念教育，培养大学生爱国情怀和社会责任感，提高思想道德品质。面向儒家文化学习的社会实践活动需要学校、家庭、社会各方协同配合，学校可以组织学生参观历史博物馆、孔子故居、图书馆以及孔子故里或者有一定儒家文化底蕴的景点、景区等。社会组织、群体可以组织学生观看蕴含儒家优秀文化的艺术作品展、影视节目等，使大学生能够在实地参观中感受儒家优秀文化，调动他们的情绪，从而加深对儒家优秀文化的认识。

3. 强化大学生对儒家优秀文化的认同感

（1）引导大学生转变观念、重视儒家优秀文化

过往社会条件下，教育系统内并未开展过多专项针对我国优秀传统文化的介绍和宣讲课程，这导致大部分大学生对中华优秀传统文化的了解度不高。一直以来，外来文化的冲击也使儒家文化的传播受到各种掣肘，大学生对儒家文化认识不足、看法不同也是必然。学生不了解、不熟悉儒家优秀文化，所以短时间内将儒家优秀文化融合到高校思想教育中也有一定难度。因此，在高校思想政治教育中，要做好文化引导，把儒家文化中优秀的部分做好宣讲，促进正能量的形成，树立正确的价值观念。

引导大学生转变观念、重视儒家优秀文化，一方面，思想政治理论课教师可以通过课堂教学帮助大学生了解儒家优秀文化，在学习的过程中走进儒家优秀文化并爱上儒家优秀文化；另一方面，可以开展相关讲座、学术报告会，定期组织儒学领域有造诣的学者为大学生和思想政治教育者讲

解儒家优秀文化，使其了解儒家优秀文化的最新研究成果，强化师生对儒家优秀文化的认同感。

（2）主动践行弘扬儒家优秀文化

要想让高校学生认同儒家优秀文化，其重要的前提是思想的统一、行动上的认同，知行合一才能从根本上提升大学生的儒家文化素养。

一方面，在学习、生活中认同儒家优秀文化。课堂上，尊重师长，积极参与到教师的课堂教学中，配合教师完成教学任务，课后认真思考教师提出的问题，及时与教师沟通学习心得；课堂外，发掘自身对儒家优秀文化活动的兴趣，参与学校组织的话剧社、儒家经典著作选读活动。效果的取得来自热爱和喜欢，以此才能在行动上有所建树。将儒家优秀文化融合进当代大学生的学习、生活中并对其进行价值观教育，一定会对大学生的思想价值观的建设有着极为积极的意义。

另一方面，从加强勤俭节约、社会公德、诚信意识三个方面弘扬儒家优秀文化。首先，要引导大学生坚持勤俭节约意识，遵循儒家优秀文化。受市场经济和文化全球化的影响，勤俭节约的传统美德越来越被人们淡忘，大学生应该坚定自己的立场弘扬勤俭节约的传统美德，拒绝攀比消费、过度消费；节约粮食响应学校组织的"光盘行动"。生活中存在很多不良诱惑，只有严于律己才能坚守住对传统美德的敬畏之心。其次，要引导大学生维护社会公德。社会公德是保障公共生活与社会交往的基础，在人与人关系层面上，借助儒家"以和为贵"的观点来处理人际关系，做到尊重他人、求同存异，在关心和帮助他人的过程中获得快乐。人包含在社会中，也要遵守社会公德，比如不随地吐痰、不破坏公共设施等。儒家文化的"天人合一"是人和自然关系最和谐的写照，自然规律遵守以及和谐共生等理念在古代很多思想理论中都有描述。大学生应率先保护环境、尊重自然、爱护自然、节约资源，积极投身到生态文明建设中。最后，要引导大学生树立诚信意识。诚信体现在生活的方方面面，大学生应该坚守儒家文化中提倡的诚信理念，在生活细微处践行诚信意识。将儒家优秀文化融合进当代大学生的生活中，大学生在生活中对儒家文化的践行，也能更好地促进我国优秀传统文化的传承。

第三节 "四史"教育融入大学生家国情怀培育

"四史"(党史、新中国史、改革开放史、社会主义发展史)的教育工作非常重要。2021 年 5 月,中共中央办公厅印发《关于在全社会开展党史、新中国史、改革开放史、社会主义发展史宣传教育的通知》,要求在全社会广泛开展"四史"史宣传教育,不断增进政治认同、思想认同、理论认同、情感认同。作为塑造大学生灵魂的主渠道、主阵地,高校思政课直接影响着大学生的思想观念、价值取向、精神风貌。强化高校思政课教学,在大学生中开展"四史"教育,对于更好地实现"四史"教育目标和推进高校思政课改革意义重大。读史明智,鉴往知来,在实现"两个一百年"奋斗目标关键期的当下,加强大学生"四史"教育,符合新时代立德树人教育目标要求,是增强大学生家国情怀的有效途径。

一 "四史"教育的要求

作为一个伟大的政党,中国共产党坚持走中国特色的社会主义路线,善于从历史中汲取力量和智慧,从而实现资政育人。党的思想理论建设的首要任务就是做好党史的教育,培育广大青年树立正确的世界观、价值观和人生观;高校立德树人以及思想政治工作的加强也应如此,要围绕立德树人根本任务,切实把握"四史"教育的政治性、针对性、时代性,不断引导学生树立正确的历史观,努力解决学生的思想困惑,切实增强学生的使命意识。因此,目前的教育工作急需把"四史"落实到实际教育中,让更多的人了解并熟悉该内容。新时代下社会主义正启航新征程,在党的教育方针指引下,"四史"教育必然焕发新的生命力,为社会主义的建设培养多方面、全方位的人才,进一步增强自身影响力。

(一)把握"四史"教育的政治性,引导大学生明国史、知党史

"四史"教育讲授了中国共产党自成立之日起,在马克思主义思想的统领之下,从抗击外侮、摧毁反动政权、争取民族解放,到人民翻身、创立起全新的国家,走上独立发展之路、走上人民幸福之旅;在新中国,共产党人坚持不懈、努力奋斗,不断自我完善与改革,探索中国特色社会主义

之路，走上自强奋发、不断辉煌的道路。中国共产党在领导革命和建设中，不断加强党的建设、进行理论探究，始终保持在正确的前进之路上、永远在与时俱进的行进路途中。

"四史"教育与一般的历史教育不同，它有着极强的政治性。结合既往的经验可知，一般的历史教学通常按照理论体系展开即可，而"四史"理论有自己的独特性，属于政治教育，其基础是历史。在具体实施时，高校应把政治性放在首位，做好政治工作的引导，在历史观上保持正确的认知理念。基于"四史"包含的内容分析，它讲述的不仅有抵抗侵略、保卫家园的血泪史，也有争取民族独立的抗争史，还有实现解放的光辉史，同时还包含了民族复兴的征程历史。

"四史"教育是对大学生进行明国史、知党史，以及爱国、爱党教育的重要内容，应该迅速把"四史"教育落到实处，积极开展对大学生的"四史"教育。要引导学生正确地认识党史、国史，清楚认识中国历史和中国人民进行"四个选择"的历史必然性。通过对"四史"的学习，树立起对中国共产党的领导、对中国化的马克思主义理论的理解、对社会主义道路的理解和认可，要知史爱党、知史爱国，增强其使命和担当。通过"四史"教育，让学生对中国的发展有深刻的认知，同时在信念以及理念上进一步强调对党和国家的忠诚是进行"四史"教学的初衷；而学生只有了解了"四史"才能对我们国家以及民族有更进一步的认知，才能在思想上坚定对党的信念。

（二）把握"四史"教育的针对性，培养大学生正确的思维方式

为青年大学生树立正确的历史观，是我国高校思想政治工作的重点，原因是只有正确的历史观才能推动价值观认同的最大化。这种认同包括了青年学子对于民族和文化的自信和自豪感，也是一种归属感。只有价值观相同，才有可能带来思想和行动的统一。共同的历史观也是一种软实力，是社会凝聚的巨大的力量，是社会普遍共识的体现。

目前，全球的局势发生了巨大的变化，国情和社会形态都发生了翻天覆地的变化，高校的学生目前基本是千禧年后出生，从小生长在互联网的信息时代，具备国际视野和思维，而且个性独立，具备平等权益等意识，生活中更加去中心化。他们虽然具有一定的思考能力，但仍然处于价值观成型的阶

段，缺乏对各种思潮的辨别能力，容易在多元化社会中迷失自我。

因此在高校中推进"四史"教育，也成为维护高校的意识形态稳定以及推动思想、政治教育的重要工作方式之一。"四史"教育属于历史课程，其目的就是帮助青年学生树立正确的历史观，该课程包含党史的起源、发展历史、作用、蜕变和重大成果等相关内容，也包含了新中国的奋斗历史和改革开放史。而且在教授"四史"课程中，还应融入当代青年的关注热点，为学子培养正确的思维方式，树立崇高的共产主义理想，为国家培育具备正确历史观、传承了红色基因的优秀青年才俊。

(三) 把握"四史"教育的时代性，培养大学生的使命感

习近平总书记在致中华全国青年联合会（以下简称"全国青联"）十二届全委会和中华全国学生联合会（以下简称"全国学联"）二十六大的贺信中说："一代青年有一代青年的历史际遇。我们的国家正在走向繁荣富强，我们的民族正在走向伟大复兴，我们的人民正在走向更加幸福美好的生活。当代中国青年要有所作为，就必须投身人民的伟大奋斗。"[1] 高校的"四史"教育的目标就是教育高校青年树立正确的历史观，把握历史发展的趋势，看清未来的发展，将自己的理想与国家和民族命运紧密相连，为国家和民族奉献自己的青春。

高校"四史"教育的最根本的出发点就是党史，通过党史的学习，帮助学子建立起共产主义的人生观和价值观，同时阐述传统的中华民族文化与马克思主义相遇结合而成的新时代的中国特色社会主义，将这一套逻辑从理论上给予充分的解释。可以说，"四史"的教育不但包含了党史教育，还包括了政治教育，其最终的目的是服务于现实的社会意识形态，告诉学生中国特色社会主义是历史发展的趋势，是不可阻挡的客观事实，从而使学生更加深刻地意识到制度自信和文化自信的重要性。"四史"的教育承担着塑造新时代的大学生正确的历史观和价值观的重任，为传承红色文化和党的优秀品质发挥着巨大的作用，主要表现在以下几个方面。

第一，"四史"教育可以清晰地解释历史教育的目标以及教育对象的问题。马克思理论的出发点是实现和维护无产阶级和广大人民群众的利益，

---

[1] 《习近平关于青少年和共青团工作论述摘编》，中央文献出版社，2017，第17页。

"四史"教育的根本出发点就是塑造马克思主义的思维，对青年学子进行正确的引导，运用马克思主义思维思考未来、总结过去，并且选择正确的道路和方向。通过学习党史，认识到只有党才代表了历史进步，代表了社会先进生产力，也代表了历史发展的必然趋势；意识到要建设马克思主义的思维模式，以及为何人民群众选择了党，选择了社会主义和改革开放。让青年学生用党和马克思主义的理论和思维武装头脑，才可以战无不胜、勇往直前。

第二，"四史"教育提供了正确的方法和思维去观察历史和分析历史。"四史"将复杂的历史事件，以及在历史事件中中国共产党发挥的革命性作用，几次在危难时刻拯救了中国、拯救了广大人民群众的历史，非常清晰地解释给青年学生。通过历史还原，帮助大学生树立正确的解读历史的方法，进而学习掌握历史事件的本质，学会科学的世界观和方法论；在此基础上，运用新思维、新角度去审时度势，得出正确的方法只有历史唯物主义和辩证唯物主义两种，也只有运用这两种方法，才能解释事物本质、把握事物规律，培养坚定不移的共产主义品格，在大是大非面前永远占据理论制高点，永远走在正确的道路上。

第三，"四史"教育可以培养青年学子的使命感。高校阶段是青年人形成人生观、价值观的最关键的时期，也是未来青年人选择什么样的人生道路和人生理想、选择什么样的奋斗目标的关键时期。"四史"教育包含了三个基本问题，为什么、做什么和怎样做，这就要求高校在"四史"教育中，坚持解析党的历史，用其精华教育和激励青年，促使青年坚持用党的历史观和思维去考察和分析当下的社会局势，正确把握大局，看清历史发展趋势，了解自己肩负的使命，成为国家的栋梁之材。

二 "四史"教育与大学生家国情怀培育的内在逻辑关联

"四史"教育与家国情怀培育有着相互联系、密不可分的内在逻辑关联，"四史"教育是涵养大学生家国情怀的有效载体，厚植大学生家国情怀是"四史"教育的重要目的，二者在性质、内容、目标上具有内在一致性。"四史"教育有着极强的思想性与政治性，将"四史"教育融入高校教育，能够帮助大学生确立正确的历史观，清楚认识中国历史和中国人民进行"四个选择"的历史必然性；大学生通过对"四史"的学习，能够树立起对中国共产党的领导、对中国化的马克思主义理论、对社会主义道路的理解和认可，能够知史爱党、知史爱国，增强自身的使命和担当。

（一）"四史"教育是涵养大学生家国情怀的有效路径

"四史"中贯穿了党的初心和探索。学习历史、尊重历史、以史为鉴、以史为师，便于大学生总结历史经验、掌握历史规律；在历史中积淀、在历史中升华，有助于大学生不忘初心，坚定理想信念，爱党爱国。家和国是一体的，家国情怀是将家庭单元的发展与国家的发展紧紧连在了一起，阐述了爱国即爱家的总体思想和逻辑。在学史中强化政治引领、价值引领，让青年学生从我们党的发展史中不断吸收经验、汲取力量，自觉地增强"四个自信"，为未来做好祖国的建设者打下稳固的根基。如今，站在实现"两个一百年"奋斗目标的历史交汇点上，要弘扬爱国主义精神，涵养大学生家国情怀，其中一条重要路径就是引导大学生用好"四史"载体，在深入学习中筑牢信念、奋发有为。

（二）落实立德树人根本任务和培养大学生政治信仰是"四史"教育的重要目的

习近平总书记强调要认真学习"四史"，在学习的过程中要会学、正确学，将里面的内容吃透、消化，彻底改造人生观和价值观，最终成为具备正确的思维、崇高的理想、强大的逻辑的新时代的大学生，将爱国和爱党牢固地结合起来，无缝地融合在一起，最后达到可以升华和在实践中运用自如的学习目标。培育大学生政治信仰关乎国家的前途与命运，关乎培养中国特色社会主义事业建设者和接班人，关乎落实立德树人的根本任务，关乎大学生的全面发展。新时代大学生的政治信仰主流是正确的，但也出现了部分迷茫、少数迷失的现象，通过"四史"教育厚植大学生家国情怀是解决之策。"四史"教育是以历史为基础的政治教育，是落实立德树人根本任务和培养大学生政治信仰的关键环节。通过"四史"教育，大学生回顾中国在近代百年斗争之中逐渐站起来、强起来的历史，剖析中国的历史和党的历史，从而正确判断历史发展的趋势，深刻体会到爱党和爱国的统一性，自觉养成家国一体化思维，深刻感悟爱国主义是激励人民自强不息、顽强奋斗的伟大力量，弘扬和践行爱国主义精神。

三 "四史"教育对大学生家国情怀培育的时代价值

我们的国家正在走向繁荣富强，在民族复兴的关键时刻，青年人站在历史的洪流面前该如何正确选择，如何坚定共产主义信念，如何传承红色基因，需要通过"四史"的思想政治教育引导青年做出正确的回答，采取正确的行动。

（一）有利于传承中华优秀传统文化

中华优秀传统文化中的精神就是民族精神，是通过优秀的传统文化这个载体，从千年之前一直流传至今，其中经历了不同的朝代，不同的社会形态，但是最终直到遇到了中国共产党的精神，才真正地开始体现它的精华。只有中国共产党才可以如此深刻地理解民族文化中最为本质和精华的内容，而且在此基础上，在历史发展的进程中，用崭新的理论和概念，将无数的精神贯穿和融合其中，使得这些伟大精神在中国近代的发展中体现得淋漓尽致。已经发生的历史事件虽然会被时间定格，但历史精神却是永恒的，值得永远传承并发扬光大。我们的中华文明源远流长、博大精深，是我们立足世界的文化根基；中国共产党的革命精神与优良传统，是我们的红色血脉和精神之魂。"四史"中的民族精神包括了我们耳熟能详的红船精神、长征精神、西柏坡精神、载人航天精神、奥运精神、抗疫精神等。大学生需要将这些精神吃透，并且用这些精神武装自己的头脑，改变自己的思维，获得精神能量。通过学习"四史"，能让青年学生了解我们的传统文化，热爱传统文化、守住传统文化，增强文化自信、加强文化归属感，并且为传播和弘扬中华优秀传统文化而奋斗终生。

（二）有利于坚定社会主义理想信念

通过"四史"的学习可以帮助青年学生建立正确的世界观、人生观、价值观，让他们成为有信仰、有理想的青年。当今世界正经历百年未有之大变局，各类思潮涌现，意识形态领域冲突日益加剧，广大青年学生尤其是大学生群体思维活跃，容易受不良思想蛊惑，动摇社会主义理想信念。学习"四史"则可以抵御各种不良思想的侵袭，使他们理解共产党人艰苦奋斗的意义，珍惜当今时代的和平与稳定，增强对我国制度的自信，增强民族自豪感，进而迸发出传承共产党人艰苦奋斗精神，继续为国家发展、民族复兴而努力奋发的梦想。"四史"中阐述了中国共产党如何从十几个人发展到现在的 9000 多万党员，以及夺取政权成立为广大穷苦人民谋取幸福的新中国的历史。中国共产党在这段历史中的发展，历经了艰辛困苦，也历尽了磨难，但是党始终不放弃不妥协，取得了最终的胜利，这是因为中国共产党得到了大多数中国人的认同，是因为中国共产党代表着人民和正义，代表了先进和历史的必然。也正是如此，中国人民和历史最终选择了中国共产党和社会主义道路。因此，要引导大学生学"四史"，在"四史"教育中进行价值观洗礼，从而牢记初心和使命，坚定社会主义理想信念。

（三）有利于增强民族复兴使命担当

中国梦是每个人的梦，更是青年学子们的梦，学习"四史"是推进党、推进国家、推进红色事业继续向前的一门"必修课"。学习"四史"能够正确解读历史，看懂中国共产党的发展历程，才能够了解到传承党的事业是不可阻挡的使命。时代在发展，社会在进步，青年学生最具创造活力，更愿意接受挑战，应当深入学习"四史"，坚守初心使命，在学、行、悟"四史"的过程中成长、成熟，刻苦学习知识，坚定理想信念，磨炼坚强意志，锻炼强健体魄，为实现中华民族伟大复兴的中国梦做好准备。

四　"四史"教育融入大学生家国情怀培育的实践路径

对当代大学生家国情怀教育最有效的方式是将"四史"内容纳入重要课题当中，以立德树人为主旨，在大学生中间开展多角度思想教育。"四史"内容丰富，范围广，涉及时间长，在大学这个成长成才的关键时期，要使"四史"有效地走向深处、落到实处，就要探究多种路径和方法，融入课堂教学、校园文化和社会实践，理论与实践并行，知、情、意、行相统一。

（一）融入课堂教学，以知育情

众所周知，在教育领域，将课堂的直观性和有效性真正利用起来，是赢得教学良好效果最关键的方式，是将家国情怀根植于当代大学生内心最便捷的教育手段。在高等教育完备的思政课程体系基础上，将"四史"内容有效融入思政课教学，紧跟时事热点和学生思想动态，进行有针对性的教育，开阔学生历史视野，提高学生思辨能力，培育学生家国情怀。在"四史"内容逐步渗透过程中，教师精心选择充满正能量的内容，与教学大纲内容形成良好契合，利用与学生互动、及时沟通思想等方式，开设快乐课堂，营造良好的学习氛围与环境。引领学生深刻掌握该部分历史内容，不但要掌握党史与新中国发展史，更要对我国的改革开放史做到心中有数，在思想方面积极主动拓展学习的深度和广度，将专业课知识与"四史"教育形成深度融合。同时，优化传统的教学方式，发挥线上授课资源优势，实现互联网教学与线下授课的相互补充与互动，制作视频与动感画面，插入具有一定教育意义的红色歌曲等，以生动有趣、直观便捷的教学方式开展视频演示与展示，提高学生思想认知深度，从灵魂上触动其强烈的爱国情感，同时进一步坚定当代大学生的政治信仰与理想观念，在他们内心深处，将个人未来发展与国家命运紧紧联系起来，在实现社会主义繁荣发展伟大工程中，努力锻造、提升自己的综合素养。

（二）融入校园文化，以境育情

在人类进步发展过程中，环境的影响不容小觑。特别是"四史"教育不但存在显性教育，其中蕴含的隐性教育也不容忽视。如果充分利用现有的校园文化条件，不但可以在潜移默化中取得意想不到的效果，还可以将这种教育的内涵发挥到极致，思想逐步渗透，形成精神上的引领。以一种人为的精神渲染，提升校园的人文情怀，使之发生质的改变和进步，从而形成浓浓的爱国爱党家国情怀。同时，充分利用校园这个巨大的自然教育平台，发挥线上传播的关键效力，为学生在线播放红色经典电影，将"四史"精神作为推进学生成长进步的不竭动力。开展生动有趣的知识竞赛，开办各种文化沙龙与座谈，引导学生主动学习、乐于学习，在寓教于乐的同时，通过重新学习"四史"故事，进一步锻炼党性、陶冶情操，全面增强学生的爱国与革命情怀，取得大学生家国情怀培育的稳步推进。

（三）融入社会实践，以行育情

通过具体实践，可以形成思想上的高度认知。因此，要将"四史"学习融入实践活动当中，从而获取更为深刻与直观的教育效果。"四史"学习活动形式多种多样，我们可以拓宽"四史"的社团活动范畴，深入民间广泛搜集"四史"故事，也可以与当地各种红色教育基地取得沟通与联系，充分利用现有的物资条件与实践活动机会，提升大学生专业基本能力和综合素质。充分利用红色基地、革命遗址，组织研学实践活动，开展现场教学。在历史的现场，更能激发大学生爱国情，牢固树立家国意识。例如，利用福建省漳州市女排训练基地的教育优势，通过参观漳州排球训练基地的实践活动，切身感受团结协作、自强不息的女排精神，厚植"为国争光、无私奉献、坚强拼搏"的家国一体情怀；在寒暑假到东山岛进行教育活动，以谷文昌的光荣事迹感染学生、教育学生，到谷文昌同志的故居进行实地走访，加深对谷文昌英雄事迹的认知与理解，全面提升"四史"学习成效。在社会实践活动中进行"四史"学习，可以有效培养大学生高尚的家国情怀。增强当代大学生时代担当意识，为中国特色社会主义新时代建设贡献力量。

历史是一面镜子，不仅能折射过去，也能照亮未来。学习"四史"知识，才能真正掌握习近平新时代中国特色社会主义思想的真谛和精髓，弘扬"四史"精神，激发大学生责任担当。对大学生形成思想引领与行为带动，内外兼修，提高当代大学生的责任感与紧迫感，以国家发展为己任，帮助其顺利走入社会，发挥当代大学生的主观能动性，勤奋务实，成为建设社会主义现代化的中坚力量。

第四节　充分发挥孝文化凝聚民心作用

"孝"是中华优秀传统文化中最为重要的部分，在中华民族发展过程中处于重要地位，成为中华民族的重要美德传承至今。就孝文化而言，古代产生了一大批经典，包括《礼记》《孝经》《三字经》等，其中孔子在《论语》中对孝的论述成为中华孝文化的基石，思想博大精深。同时，孝文化也逐渐超出伦理的范畴，具备了政治价值，例如古代提倡以孝治天下，形成忠君爱国、家国同构的思想等。就思想政治教育而言，孝文化可以成为思想政治教育的重要切入点和丰富的教学资源。

一　孝文化与思想政治教育融合的必要性

在我国的漫长历史中，儒家文化始终具有主导作用，在各民族中流传甚广，即便周边民族入主中原，也无不以儒家文化为治国的指导思想。其中，孝是儒家文化的核心内容，深刻地影响了中华民族经济社会、政治文明、价值伦理的发展演变。孝是人类普遍共有的情感，凡有血性之人无不具有孝的思想，是孩子与父母天然的精神依恋。儒家文化的首要概念是仁，而孝是仁的基础，《论语》记载"其为人也孝弟，而好犯上者，鲜矣；不好犯上，而好作乱者，未之有也。君子务本，本立而道生。孝弟也者，其为人之本与"①。孝的含义非常丰富，主要包括三个层面。

一是家庭层面的孝。孝文化本身来源于家庭，没有家庭也就没有孝文化的存在。在家庭层面，首先，要求个人要爱护自己，不让父母担心，正所谓"身体发肤，受之父母，不敢毁伤，孝之始也"②。《论语》记载"曾子有疾，召门弟子曰：'启予足！启予手！，诗云：'战战兢兢，如临深渊，如履薄冰。'而今而后，吾知免夫，小子！"③ 为守孝的第一步树立了榜样。其次，要承担起延续家族的使命，所谓"不孝有三，无后为大"。④ 再次，要孝养父母，包括在物质上要赡养父母，所谓"有事弟子服其劳，有酒食先生馔"⑤；在精神上要尊重父母，使父母能够感受到精神的愉悦，要事亲以敬；要以礼事亲，是在尽孝的过程中要严格遵守礼仪制度要求，例如"生，事之以礼；死，葬之以礼。⑥"最后，尊贤崇德，不使父母蒙羞，做到品行端正、热爱祖国，不做为国法道德所不能容忍之事，父母有错也要以适当方式予以规劝；同时要追求"立德、立功、立言"⑦ 三大事，为家庭争取荣誉，为国家做出贡献。此外，还涉及兄友弟恭的子女之间的相处之道。

二是社会层面的孝。孔子说"己欲立而立人，己欲达而达人"，⑧ 在孝的领域，也有社会化的过程，就是实现推己及人，造福社会。就是在社会交往中推广以孝为核心的仁，做到克己复礼，提倡在社会交往中，尊老爱

---

① 《论语·学而篇》。
② 《孝经·开宗明义章》。
③ 《论语·泰伯篇》。
④ （战国）孟子：《孟子·离娄上》。
⑤ 《论语·为政篇》。
⑥ 《西洋记》。
⑦ 《左传·襄公二十四年》。
⑧ 《论语·雍也篇》。

幼，立身中正，待人以礼，最终形成孟子所说的"老吾老以及人之老，幼
吾幼以及人之幼"① 的和谐社会图景。

三是国家层面的孝。自古以来，中国都是家国同构，在家为孝，在国
为忠，忠为大孝。中华民族能够绵延五千年而依然生生不息的原因，就在
于这种家国情怀代代相承，移孝为忠的爱国主义精神激励着中华民族在与
各类侵略者、竞争者的较量中总是取得最后胜利。国家层面的孝，要求每
个人都能够忠于祖国、热爱人民、为民请命，在精神上坚守中华民族的立
场，在生活上保持高尚的道德情操，在社会交往上做到仁者爱人，在事业
上做到精益求精、利国利民。

二　孝文化与思想政治教育融合的必要性

习近平总书记在党的十九大报告中指出，"深入挖掘中华优秀传统文化
蕴含的思想观念、人文精神、道德规范"，② 同时也要"坚持创造性转化、
创新性发展，不断铸就中华文化新辉煌"。③ 孝文化在中华优秀传统文化中
具有基石的作用，开展思想政治教育所需要的民族精神、民族特质、道德
追求等在孝文化中都能找到足够的教育资源，是开展思想政治教育鲜活生
动的素材。具体而言，将孝文化引入思想政治教育，具有现实必要性。

一是立德树人的思想政治教育理念，必然要求弘扬孝文化。古语云：
"百善孝为先。"孝是一个人的基本素质，是修身立德的基础，只有在孝的
基础上发展其他品行才是稳固的。社会主义核心价值观要求，青年学生要
成长为有理想、有道德的新时代社会主义建设者，要做到推己及人，进一
步上升到热爱祖国的高度，这与孝文化的要求高度契合。通过弘扬传承孝
道文化，可以启发大学生走出自己的小世界，激发感恩之心，成为德才兼
备的优秀人才。此外，如前所述，思想政治教育肩负着传承中华优秀传统
文化的重要使命，对孝文化的传播是传承中华优秀传统文化的具体体现。

二是弘扬孝道文化是实现思想政治教育中"爱国主义"精神的重要途

---

① 《孟子·梁惠王上》。

② 习近平：《决胜全面建成小康社会　夺取新时代中国特色社会主义伟大胜利——在中国共
产党第十九次全国代表大会上的报告》，人民出版社，2017，第42页。

③ 习近平：《决胜全面建成小康社会　夺取新时代中国特色社会主义伟大胜利——在中国共
产党第十九次全国代表大会上的报告》，人民出版社，2017，第41页。

径。家国同构是中国历史的突出特点，在人们普遍的观念中，祖国就是大家，爱国就是爱家。孝是维持中国深厚家庭观念的核心，而家庭是中国社会的基本单元。自古以来，在中国人民的观念里，都是没有国哪有家，在中华民族的基因里，忠于国家和孝于父母其实在本质上是一回事。因此，在传统社会流传"求忠臣必于孝子之门"①，并发明了重要的选才用才制度——举孝廉。例如，民族英雄岳飞的故事家喻户晓，激励了一代代中国人强烈的爱国情怀，岳飞如此为国尽忠，首先在于其在家尽孝，岳飞母亲刺下的"精忠报国"四个字已经深深刻入中华民族的精神基因中，而这种精神就是以孝为基础的。通过对孝文化的大力提倡，可以做到移孝为忠，进一步发展为爱国主义的浓厚情怀。

三是弘扬孝道文化是构建和谐社会的必然要求。思想政治教育的重要使命就是教育大学生不断实现思想成熟、道德完善，进而服务于社会主义建设，构建和谐社会。与西方文化中的个人主义价值取向不同，在中华民族的观念中，家庭是社会的最基本单元，社会的和谐稳定有赖于千千万万家庭的和谐稳定；而家庭的和谐稳定重点在于强烈稳固的孝文化，孝文化的核心在于父慈子孝、兄友弟恭。同时，仁者爱人，构建人人为我、我为人人的和谐社会，第一步就是孝顺父母，推而广之，就是"老吾老以及人之老，幼吾幼以及人之幼"。特别是在市场经济高度发展的今天，西方个人主义价值观念对广大青年学生造成了一定冲击，产生了一定负面影响。在这一时代背景下，思想政治教育工作要坚持以马克思主义理论为指导，立足于高校实际情况，深入挖掘传统孝文化与思想政治教育深度融合的路径，积极服务于构建和谐社会。

三　高校思想政治教育推动孝文化的路径

孝文化的传播是一项系统的复杂工程，需要国家、学校、社会、家庭形成合力。同时，在高校思想政治教育工作中推动孝文化的发扬光大，要始终坚持马克思主义的指导地位，按照社会主义核心价值观的要求，去粗取精，采取多种方式开展好相关教学促进工作。具体而言，要重点做好以下工作。

一是要坚持马克思主义的指导地位，按照唯物史观和唯物辩证法的要

---

① （南朝宋）范晔：《后汉书·韦彪传》。

求，系统梳理总结传统孝文化，推动实现孝文化的现代化转化，实现孝文化的传承发展。传统孝文化一方面包含亘古不变、值得永远传扬的光辉思想，同时也不可避免地存在封建迷信的糟粕成分。因此，在思想政治教育中，最核心的就是要始终坚持马克思主义理论的指导地位，按照中共中央办公厅、国务院办公厅 2017 年印发的《关于实施中华优秀传统文化传承发展工程的意见》的要求，创新工作方式方法，凝聚社会各方力量，对优秀的传统孝文化进行创造性转化，创新性发展，使其能够符合社会主义文化和社会主义核心价值观的要求，并创新其现代表达方式，形成古今呼应的文化内涵，实现与现代社会的共生发展。我们应当清醒地认识到，目前市场上存在一些打着国学旗号，弘扬不合时宜的糟粕文化的情形，甚至存在反对马克思主义理论的激进复古派。为此，在思想政治教育中，要坚持马克思主义的指导地位，要扫除这些社会的不良现象，要用科学的、先进的孝文化，武装青年学生，自觉抵制错误的思潮和现象。习总书记强调："培育和弘扬社会主义核心价值观必须立足中华优秀传统文化。"① 培育和弘扬社会主义核心价值观必须立足中华优秀传统文化。可见社会主义核心价值观与传统文化是密切相关、和谐共生的。同样，在高校思想政治教育中发扬孝文化，就必须坚持以社会主义核心价值观为核心，使之与传统孝文化深度融合交融，推动形成符合时代要求、代表社会主义先进文化前进方向的新时代孝文化。

二是在思想政治教育工作中，要注重创新方式方法，将孝文化深度嵌入教育活动之中。思想政治教育是一项系统工程，以思想政治教育为平台对孝文化的弘扬也需要全方位、多层次的认真设计，确保孝文化真正能够入脑入心。古语云："白沙在涅，与之俱黑；蓬生麻中，不扶自直。②"这句话深刻阐明了环境对人的影响，因此在思想政治教育系统设计中必须采取多种方式，营造学习传承孝文化的浓厚氛围。首先，要推动将优秀的有代表性的孝文化题材、故事、任务等进入教材，这一过程也是对孝文化进行系统梳理甄别的过程。要用现代化的语言阐释孝文化的核心精神，并结合大学生的特点，进行适度转化，提高可读性、趣味性以及可接受性，帮助

---

① 《习近平谈治国理政》，外文出版社，2014，第 163~164 页。
② （先秦）荀况：《荀子·劝学》。

大学生形成情感共鸣。教材是最基本最核心的孝文化传承载体，在编写教材中必须坚持马克思主义的指导地位，抓住孝文化的核心部分、主要脉络，要从大处落脉而不是枝枝节节的介绍，将孝文化的精神、精华、实践方法、典型案例等囊括其中，发挥定调的作用。同时，在必读书目之外，鼓励编辑相应的课外读物，重点增强课外读物的丰富度，作为官方教材的有力补充。其次，要充分发挥思想政治教育课堂的主阵地作用，加强教师传播孝文化的积极性、主动性和创造性。思想政治教育课程的教师在课堂上具有主导性的作用，需要特别加强思想政治教师的孝文化水平，要将孝文化融入思想政治理论课课堂，注重教师传承孝文化的自觉。一方面，要针对教师群体开展专门培训，增强政治意识，全面加强对孝文化的核心精神的学习把握，掌握好孝文化的各类典故、素材、文献，做到信手拈来。同时，要本身加大对孝文化的实践，做孝文化的传播者和实践者，做到以身示范，为人师表。《礼记》讲"有深爱者，必生和气，有和气者，必有愉色，有愉色者，必有婉容"①，教师的孝发乎中、形乎外，身教胜于言教，可以起到重要的教化作用。另一方面，高校教师在教学方式上要注重结合青年学生的特点，在传统教育方式的基础上，要善于运用影视资料等加强教学的质效，可以采取邀请专家学者、道德模范进校园的方式加强教育的生动性和活泼性。此外要充分尊重学生的主体地位，孝文化不是一种知识的传承，而是文化精神的传承，重点不是记住辞书章句，而是融化在学生心灵深处的火种和体现在生活中的生动实践，孝文化的教育目的在于培养人的思想和实践。因此，要鼓励学生在生活中对课堂上的传授进行落实，采取分享会等形式加强实践心得的交流体会。要在校园文化建设中突出孝文化，发挥党委、团委、班级、学生社团的平台作用，在重阳节、父亲节、母亲节等重要节假日安排重要讲座、组织开展丰富多彩的学习宣传活动，在校园景观中也可设置体现孝文化的人文景观，如雕塑、绘画、诗文等，开展相应的主题征文比赛、绘画比赛、短视频比赛等，形成浓厚的传承孝文化的氛围。同时要善于利用互联网、小程序、公众号等电子平台，形成立体化、全方位的孝文化宣传体系，帮助大学生随时受到孝文化的熏陶。

三是要发挥全社会力量，协助高校加强孝文化教育传承。国家要采取政

---

① （春秋）孔子：《礼记·祭义》。

策性措施，积极鼓励市场主体以文化产业的迅速崛起为契机，制作体现孝文化内容的影视、歌剧、诗词、音乐等，促使文化产业打上孝文化的烙印，也在全社会形成浓厚的尊老爱老的氛围。特别是在我国加速老龄化的时代背景下，加强全社会弘扬孝文化的建设，更显得尤为重要。要利用现代技术手段，按照马克思主义理论的思想指导，实现对孝文化的内容转变、形式转变，推动文化创新，打造一大批有影响、有特色的作品，形成推崇孝文化的良好社会风尚。我国各地区都形成了各具特色的孝文化，要充分发挥相关的人文地理资源优势，探索孝文化旅游教育基地；高校要积极主动地组织大学生参访学习，成为实践教学的重要途径。同时，要积极鼓励相关公益组织的发展建设工作，要加强对该类组织的指导监督及支持，在保证组织活动不偏离社会主义核心价值观的情况下，充分发挥其专长，组织其针对高校开展系列孝文化宣传活动。在国家层面，要加强孝文化广告、作品的传播，例如央视《孝道——别让等待成为遗憾》等作品就发挥了重要作用，再如季羡林先生的相关公益广告"树欲静而风不止，子欲养而亲不待"[①] 都给人以强烈的教育意义。除此之外，各类媒体要加强对现代孝道典型的报道表扬，形成风向标作用，营造良好的社会氛围。孝文化来源于家庭，也服务于家庭，最终成就于家庭，要将家庭作为传播孝道的最有力的场所，家长要做尊老敬老的榜样模范，注重对大学生的言传身教，做新时代的"孟母"。

---

① 《孔子家语·卷二，致思第八》。

参考文献

一 专著

姚晓红、冉冉、任霏：《中华优秀传统文化与当代大学生社会主义核心价值观的构建》，河北人民出版社，2017。

孙爱春、牛余凤、任凤琴等：《思想政治教育原理与方法》，光明日报出版社，2018。

陈亚红、何艳：《传统文化与思想政治教育》，中国轻工业出版社，2017。

刘思阳、何昌、吴星等：《中国优秀传统文化与大学生思想政治教育探究》，中国水利水电出版社，2016。

张谦：《中华优秀传统文化概论》，成都科技大学出版社，1995。

赵勇：《传统文化和大学生思想政治教育》，天津科学技术出版社，2018。

徐洪军、崔岩、阚莹莹：《高校思想政治教育前沿问题研究》，黑龙江大学出版社，2014。

王兴立：《中国传统文化和大学生思想政治教育》，天津科学技术出版社，2018。

李欣：《网络环境下学校思政教育的改革与发展》，东北师范大学出版社，2018。

迟桂荣：《新媒体视野下当代大学生思想政治教育研究》，中国社会科学出版社，2014。

王伦刚：《新媒体视野下大学生思想政治工作创新》，延边大学出版社，2018。

杨方旭：《大数据时代背景下大学生思想政治教育新思路》，东北师范大学出版社，2018。

镇方松：《新媒体视域下大学生思想政治教育研究》，北京理工大学出版社，2018。

段佳丽、罗怀青：《新媒体时代大学生思想政治教育研究》，光明日报出版社，2016。

李红冠、翟尧、孙智宏：《高校思想政治教育》，河北人民出版社，2015。

房广顺、刘辉：《社会主义核心价值观与中华传统文化》，人民出版社，2015。

陈万柏、张耀灿、陈华洲等：《思想政治教育学原理》（第3版），高等教育出版社，2015。

王凤双：《互联网时代高校思想政治教育的解构与重建策略研究》，九州出版社，2018。

常建莲：《多维视角下的思想政治教育探索与实践研究》，西安交通大学出版社，2017。

常佩艳：《文化视野下高校思想政治教育实践研究》，九州出版社，2018。

霍洪波：《高校思想政治教育中传统文化融入问题研究》，中国社会科学出版社，2019。

骆郁廷：《思想政治教育原理与方法》，高等教育出版社，2010。

张微、付欣：《我国传统文化与思想政治教育的融合创新研究》，西北工业大学出版社，2019。

斯琴高娃：《新媒体视角下的高校思想政治教育研究》，延边大学出版社，2018。

陆通：《中华优秀传统文化与文化自信》，吉林出版集团股份有限公司，2018。

陈述：《新媒体时代大学生思想政治教育探索》，九州出版社，2018。

燕艳：《转型与发展信息时代下高校思想政治工作的创新与实践》，东北师范大学出版社，2019。

谢丹：《传统文化视域下的高校思想政治教育》，九州出版社，2018。

二 期刊

刘晶：《中华优秀传统文化的时代价值与弘扬路径》，《山西高等学校社会科学学报》2021 年第 33 期。

陈耀：《中华优秀传统文化与高校思政教育融合研究：以〈诗意中国〉为例》，《中国广播电视学刊》第 4 期。

吴梦伊、许晓玲：《"四史教育"融入大学生家国情怀培育探析》，《中学政治教学参考》2021 年第 5 期。

王雨：《中华优秀传统文化的时代价值及其传承发展》，《商丘师范学院学报》2019 年第 1 期。

马妍、苏发祥：《孝文化认同与铸牢中华民族共同体意识》，《回族研究》2021 年第 3 期。

焦敏：《高校铸牢中华民族共同体意识的价值意蕴与路径选择》，《观察思考》2021 年第 23 期。

图书在版编目（CIP）数据

传统文化与高校思政融合发展研究／卜令全著. --
北京：社会科学文献出版社，2023.6（2024.8 重印）
（新疆大学马克思主义理论学科建设与理论研究系列
丛书）
ISBN 978-7-5228-1815-3

Ⅰ.①传… Ⅱ.①卜… Ⅲ.①中华文化-关系-高等
学校-思想政治教育-研究-中国 Ⅳ.①K203②G641

中国国家版本馆 CIP 数据核字（2023）第 092285 号

新疆大学马克思主义理论学科建设与理论研究系列丛书
传统文化与高校思政融合发展研究

著　　者／卜令全

出 版 人／冀祥德
组稿编辑／曹义恒
责任编辑／吕霞云
责任印制／王京美

出　　版／社会科学文献出版社·马克思主义分社（010）59367126
　　　　　地址：北京市北三环中路甲 29 号院华龙大厦　邮编：100029
　　　　　网址：www.ssap.com.cn
发　　行／社会科学文献出版社（010）59367028
印　　装／唐山玺诚印务有限公司

规　　格／开本：787mm×1092mm　1/16
　　　　　印张：11.25　字数：182 千字
版　　次／2023 年 6 月第 1 版　2024 年 8 月第 2 次印刷
书　　号／ISBN 978-7-5228-1815-3
定　　价／88.00 元

读者服务电话：4008918866